事業者必携

IT法務の法律と実践ビジネス書式

弁護士
梅原 ゆかり 監修

三修社

本書に関するお問い合わせについて

　本書の記述の正誤、内容に関するお問い合わせは、お手数ですが、小社あてに郵便・ファックス・メールでお願いします。お電話でのお問い合わせはお受けしておりません。内容によっては、ご質問をお受けしてから回答をご送付するまでに1週間から2週間程度を要する場合があります。

　なお、本書でとりあげていない事項や個別の案件についてのご相談、監修者紹介の可否については回答をさせていただくことができません。あらかじめご了承ください。

はじめに

　情報通信技術の発展は目覚ましく、今や人々は、パソコンやスマートフォンなどで、生活に必要な物事の多くを、ネット上で行うことが可能です。ビジネスの世界においても、パソコンが使用できる環境さえ整えば、企業は、店舗を設けなくても、Webサイトを開設することで物の販売などが可能であり、人件費や必要経費を最小限に抑えて、効率的に収益を上げることができます。一方で、情報通信技術の急激な進歩は、必要な法規制の整備よりも急速で、ネットビジネスにおけるトラブルを防ぐためには、必要十分な事項を盛り込んだ契約書の締結が重要です。また、ネットビジネスの根幹は「情報」のやり取りですので、ネットビジネスを展開する企業にとっては、情報の適切な管理・運用に関する法的知識や、必要な制度への備えが不可欠です。

　本書では、ソフトウェア使用許諾契約やASPサービス使用許諾契約、Webサイト制作業務委託契約など、ネットビジネスにおける各種の契約類型について具体的な書式を提示しながら、トラブルの防止に有効な契約書の作成に関して、多くの紙面を割き解説しています。

　また、消費者契約法や特定商取引法など、電子商取引に必要な法制度を取り上げるとともに、契約不適合責任をはじめとする、2020年より施行予定の債権法（民法）改正にも対応しています。個人情報保護法の改正についてもフォローしており、個人情報の取扱いや、秘密保持などの情報のセキュリティ対策についても、企業が対応するべきポイントを提示しています。さらに、実際にネットトラブルが発生した場合に、とるべき対応策についても解説しました。

　IT企業をはじめ、ネットビジネスに関わるすべての皆様が、広く本書をご活用頂ければ、監修者として幸いです。

監修者　弁護士　梅原　ゆかり

Contents

はじめに

第1章　契約書作成の基本ルールと IT 契約書式

1 契約書のはたらきについて知っておこう　8

2 どんなものが契約書となるのか　11

3 トラブル防止のために重要な事項を知っておこう　18

4 IT契約をめぐる民法債権法の改正ポイントについて知っておこう　24

書式1 ソフトウェア使用許諾契約書　30

書式2 ASPサービス使用許諾契約書　34

書式3 スマートフォンアプリケーション制作業務委託契約書　44

書式4 アウトソーシング契約書（情報システムの運用サービス業務の委託）　58

書式5 インターネット広告代理店契約書　63

書式6 ITコンサルタント業務委託契約書　69

第2章　電子商取引をめぐる法律と利用規約の作成法

1 電子商取引について知っておこう　76

2 ネット取引の契約はどのような流れで行われるのか　80

3 消費者契約法に違反しないようにする　84

4 特定商取引法に基づく表示について知っておこう　89

5 利用規約の作成方法について知っておこう　95

書式1 特定商取引法に基づく表示　100

書式2 ネットショップ利用規約　102

書式3 SNS利用規約　109

書式4	マッチングサイト利用規約	118
Column	印鑑の押し方のルール	130

第3章 Webサイト開設やドメイン取得をめぐる法律と書式

1	Webサイトを外注する際の基本について知っておこう	132
2	消費者目線で画面を作成する	134
3	ドメインを取得するときの注意点について知っておこう	136
書式1	Webサイト制作・保守業務委託契約書	140
書式2	Webサイト素材使用許諾契約書	151
書式3	Webサイト譲渡契約書	156
書式4	ECサイト制作・運営業務委託契約書（レベニューシェア方式）	162
書式5	ＳＥＯ委託契約書	176
書式6	コンテンツ提供に関する契約書	184
書式7	情報利用に関する規約	188
書式8	ドメイン新規取得・契約代行契約書	191
書式9	ドメイン譲渡契約書	193

第4章 セキュリティ対策のための法律と書式

1	セキュリティ管理はとても重要になる	196
2	個人情報保護法について知っておこう	198
3	個人情報を利用するときにはどんなことに注意するのか	203
4	個人情報保護対策について知っておこう	207

5 窓口対応のポイントについて知っておこう　　210

　書式1　プライバシー・ポリシー（個人情報保護方針）　213

　書式2　個人情報保護規程　217

　書式3　開示請求に対する回答書　227

　書式4　秘密保持契約書　228

　書式5　競業禁止及び守秘義務に関する誓約書　231

第5章　ネットトラブルに遭ったときの対応策

1　損害賠償請求の仕方について知っておこう　234

2　名誉毀損・プライバシー侵害と対策について知っておこう　237

　書式1　送信防止措置依頼書（著作権侵害）　240

　書式2　送信防止措置依頼書（商標権侵害）　241

　書式3　送信防止措置依頼書（プライバシー侵害・名誉毀損）　242

　書式4　送信防止措置依頼書（企業に対する名誉棄損）　243

　書式5　発信者情報開示請求書（企業の著作権が侵害された場合）245

3　内容証明郵便の書き方、出し方を知っておこう　248

　書式6　契約解消通知書　251

　書式7　ネットに無断でイラストを盗用された場合の損害賠償請求書　252

　書式8　ネットに掲載された画像により名誉を毀損された場合の差止請求書　253

　書式9　プロバイダに管理責任を問う場合の請求書　254

　書式10　ウイルスメールの送信相手に対する損害賠償請求書　255

第1章

契約書作成の基本ルールと
IT 契約書式

契約書のはたらきについて知っておこう

契約の証拠となるだけでなく、多くのメリットがある

● なぜ契約書を作成するのか

　法律で契約書の作成が義務付けられている一部のケースを除いて、多くの場合、口頭でも契約は有効に成立します。それでもあえて契約書を作成する理由としては、①契約内容を証明する証拠となる、②契約遵守の意識を高める効果がある、③契約後のルールを明確にすることができるといった効果があるためです（次ページ図参照）。

　契約書を作成することには、以下のようなメリットがあります。

・トラブルの防止やトラブルへの対処に有効

　口頭で契約を結んだ場合、後々になって契約内容について「言ったはずだ」「聞いていない」というトラブルになってしまうケースが見られます。このような場合、契約書は、契約の事実や内容を証明する有力な証拠になります。契約書によって、当事者双方が受け取るべき利益と不利益とを明確にしておけば、相手方もむやみに苦情を訴えたり、訴訟を起こしたりすることはできません。つまり、契約書はトラブルを減らすことに大きな役割を果たすのです。

・業務を効率的に進めるマニュアルとして機能する

　契約書には、契約者双方が受けるべき「権利」と果たすべき「義務」、そしてトラブルが起こった場合の処理などが、明確に漏らさず書かれていることが理想です。よい契約書を作ろうとすれば、自然に、業務上の手続きすべてを明確に記載したマニュアルができ上がることになります。品物の売買契約を例にとると、売る側には代金を請求するという「権利」がある一方で、納期を守って指定の場所へ商品を納入する、不良品の交換やアフターサービスをする、といった「義務」

があります。受発注の方法、納入、請求、検査、支払いなどのプロセスを明確に規定した契約書にすることで、売り手と買い手双方が、契約書に従えばスムーズに取引を完了できるという状況になります。これが、契約書が取引のマニュアルになっている、という理想的な状況です。最小限のやりとりで効率的に取引が完了します。

・事業者としての信頼度を向上させる

　きちんとした契約書が用意されているかどうか、というのは、その事業者が信頼できるかどうかを測る1つのバロメーターとなります。たとえば納入時の送料や、支払時の振込手数料はどちらが負担するのかという一見ささいなことでも、明確に契約書で規定されていなければ相手に不信感を与える原因になるのです。

◉ 差別化できる契約書を作る

　契約書には一般的に「表題」「前文」「本文」「後文」「作成年月日」を記載します。この中で、「本文」は「一般条件（一般条項と呼ぶこともあります）」と「主要条件（主要条項と呼ぶこともあります）」に大きく分けられます。「一般条件」とは契約期間、秘密保持義務など、たいていの契約で定めておく項目のことを指します。「主要条件」は、その契約の特徴的な契約条件です。たとえば、健康器具の売買契約では、健康器具の型式や値段などを記載し、Webサイト制作の請負契約であれば、仕様、納期、納入方法などを具体的に記載します。

■ 契約書を作成する意味 ……………………………………………

契約をした証拠となる	トラブル防止、裁判での強力な証拠となる
契約遵守	契約書に記載されることにより、口約束のような曖昧さが排除され、契約を遵守する意識が高まる
ルールの明確化	契約書を作ることにより、契約に沿った事業運営をすることが要求される

第1章　契約書作成の基本ルールとIT契約書式　**9**

ビジネスにおける契約書では、この「主要条件」を最も注意深く作成すべきです。なぜなら、「主要条件」はそのまま「サービスの説明書」となるからです。ですから、「主要条件」には十分な注意を払い、サービス内容をわかりやすく、漏らさず記載することが大切です。「主要条件」の中にあいまいな表現を残したまま契約を結んだ場合、契約当事者はそれぞれの側に有利な解釈を主張することになります。双方が譲らず、裁判に持ち込むようなことになれば、互いにお金や労力を費やさなければなりません。「主要条件」を実際起こりうるケースに即して、具体的で詳細な規定にしておくことは、このような事態を防ぐためにも大切です。

● 契約書の作成部数

　一般的に、契約を結ぶ当事者がたとえば2名であれば、2部の契約書（数枚に及ぶ場合は、冊子にする）を作成します。そして、各々が2部両方にサインをし、1部ずつ保有しておきます。契約書が1部だけでも契約自体は成立しますが、トラブルが起きた際に、片方の手元に証拠がなく、契約内容を確認できず、著しく不利な立場に追い込まれるといった事態を避けるため、通常は当事者の数だけ契約書も作成します。

● 下請に仕事を発注する

　ネットショップ、ASPサービス（42ページ）、アプリケーション制作など、展開するネットビジネスの形態によりますが、下請に仕事を発注する場合には、独占禁止法や下請法の規制に違反しないような契約書にする必要があります。親事業者が下請事業者に不利益な契約を結ばせるなどの行為には、独占禁止法の特別法である下請法によって、特に細かい規制が設けられています。契約条件を決定する際は、独占禁止法・下請法違反にあたらないことを必ず確認しましょう。

どんなものが契約書となるのか

書面の意味・内容を把握することが重要である

● 念書や覚書も契約書の一種である

　後から「言った」「言わない」の問題が生じるとトラブルになるため、証拠となる契約書を保持しておくことは重要です。

　後でわかる程度に、念のため作成しておく「念書」や「覚書」の類でも、いったん署名または押印をしてしまうと、法的拘束力がない旨を記載していない限り、契約書と同じように証拠として扱われることに注意が必要です。大げさな書類ではないので、相手に渡してしまう（差し入れる）ことが多いと思いますが、たとえ1枚の簡単な念書や

■ 覚書サンプル

```
                    覚　　　書

　　甲○○○○と乙××××は乙の請負業務の以下に関して確認した。
1　甲が運営する通販サイトに関する商品発送について
　基本料金　商品1点につき300円（消費税を含まない）
　配送料　商品1点につき500円（消費税を含まない）
　梱包　1点につき40円（消費税を含まない）
2　基本料金について
　入荷検品（外観の検品、数量確認）、棚入、出荷作業を含む。

　　以上を確認した証として、本書面を2通作成し、甲乙署名又は記名押印の上、各々1通を保有する。

　　平成○○年○月○日
                              甲　　東京都○○区○○1-1-1
                                           ○○○○　　㊞
                              乙　　東京都××区××1-1-1
                                           ××××　　㊞
```

第1章　契約書作成の基本ルールとIT契約書式

覚書でも、署名または押印したときは、コピーをとるなどして控えを
残すようにしておきましょう。

● 注文書と注文請書でも１つの契約となる

　正式な契約書を交わさなくても、注文書、注文請書、見積書のやり
りとりだけで契約は有効に成立します。注文書（発注書）と注文請
書（受注書）も契約書の一形式です。注文する側は注文書に署名をし、
受注する側は注文請書に署名をし、それぞれ相手に交付します。両者
の内容は当然、ほぼ同一となります。契約は、当事者の一方が「申
込」をして、相手が「承諾」することで成立しますが、「申込」を証
明するのが注文書で、「承諾」を証明するのが注文請書となります。

　ここでは注文書について見ておきましょう。注文書を作成する際の
ポイントは、①宛先を正確に書く、②商品名、数量などを書いて目的
物を特定する、③代金（総額・単価）、支払方法（一括・分割）、支払
期限など支払いについて書く、④納期、納入場所、納入方法など引渡
しについて書く、⑤必ず控えをとっておくことです。

　注文書だけでは、相手が承諾したのかどうかわからないので、注文
請書が必要です。相手から注文請書を受け取っていれば、承諾があっ
たことが証明できます。注文書や注文請書は、どんな形式でもかまい
ません。商品名と代金を記載したFAX文書でもよいのです。

　ただし、注文書と注文請書だけでは契約の目的や条件などを記載し
きれないため、別途「取引基本契約書」を交わすのが一般的です。

● 見積書について

　商品（あるいはサービス提供、制作請負業務など）の単価、数量、
納期などの取引条件を記載して、受注者が注文者に対して契約締結前
に交付する書面を見積書といいます。見積書は、単に取引条件を示し
たものにすぎないため、見積書を受けて注文者が注文し、それを受注

者が承諾することによって契約が成立します。

請求書を作れば証拠になる

取引上生じた代金支払いや商品引渡しを請求したことを証明する文書を請求書といいます。請求書は、たとえば、債権を回収せずに放置したことで、債権の消滅時効が成立しそうなので、それを阻止したいときに効果を持ちます。なお、請求書を相手に送付するだけでは、時効の更新（時効の中断）の効果は生じません。請求書の送付後、6か月以内に裁判上の請求や支払督促の申立等をする必要があります。

また、相手に対する債権がいくつもあるときは、請求書に、どの債権の弁済を請求したのかを必ず明記する必要があります。相手との間でトラブルになる可能性が高い場合は、内容証明郵便（248ページ）による弁済の請求をすることで証拠力が高まります。

取引基本契約書を作成するときの注意点

取引基本契約書は、反復または継続する取引のルールを規定する契約書です。「売買取引基本契約書」というように、契約の目的と合わせて呼ばれる場合もあります。

取引基本契約書には、注文書と注文請書をやりとりする方法など、取引の反復継続によって繰り返される業務プロセスを規定します。具体的な品物の種類、数量、単価、納期などに関する主要条件は、注文書および注文請書、または個別の契約書などにより、そのつど規定されます。取引基本契約書と個別の契約書、注文書・注文請書などがセットになって1つの契約条件を表すというイメージになります。取引基本契約書と注文書・注文請書（または個別の契約書）に異なる規定が置かれている場合、どちらを優先すべきかという書面同士の優劣の問題も、取引基本契約書で定めておくことができます。これはトラブル防止のため、盛り込むことを忘れてはならない重要な項目です。

第1章　契約書作成の基本ルールとIT契約書式　　**13**

■ 注文書サンプル ・・

注　文　書

No. ○○○○

株式会社○○御中

株式会社○○○○
東京都○○区○○町○—○—○
電話０３－○○○○—○○○○

平成○○年○月○日
下記の商品を注文したします

Ｎｏ	商品名	数量	金額
1	Ｄ商品	2箱	４１０，０００
2	Ｅ商品	1箱	７８０．０００
3	Ｆ商品	5箱	２５０．０００
合計		8箱	１，４４０，０００

１注文金額　　１，４４０，０００円
２納期期日　　　平成○○年○月○日
３納品場所　　　○○会社（本店）

■ 請求書サンプル ・・

請　求　書

No. ○○○○

株式会社○○御中

株式会社○○○○
東京都○○区○○町○—○—○
電話０３－○○○○—○○○○

平成○○年○月○日
下記の通りご請求申し上げます

Ｎｏ	商品名	数量	金額
4／5	Ａ商品	1箱	３２０，０００
4／12	Ｂ商品	3箱	４５０，０００
4／19	Ｃ商品	1箱	５３０，０００
合　計		5箱	１，３００，０００

１お支払金額　１，３００，０００円
２支払期限　　　平成○○年○月○日
３振込先○○銀行○○支店　（普通）○○○○○○○

■ 継続的商品売買取引基本契約書 ……………………………………

継続的商品売買取引基本契約書

　○○商事株式会社（以下「甲」という）と××産業株式会社（以下「乙」という）とは、甲の製造する製品（以下「本件商品」という）の乙に対する継続的供給に関し、基本となる契約（以下「基本契約」という）を次の通り締結する。

第１条（目的） 甲及び乙は、甲乙間の取引につき、相互の利益を確保し、本契約関係につき信義誠実に履行し、公正な取引関係を維持することを目的とする。

第２条（基本契約と個別契約との関係） この基本契約は、甲乙間に締結される個別の契約（以下「個別契約」という）に特約なき限り、甲乙間のすべての個別契約に適用するものとする。

第３条（個別契約の成立） 個別契約は、発注年月日、品名、仕様、単価、数量、納期、納入場所、支払方法等を記載した乙所定の注文書を乙から甲に交付し、甲がこれに承諾した旨の通知が乙に到達したときに成立する。

第４条（売買価格の決定） 売買代金の額（売買価格）は、甲乙の協議により、双方合意の上で決定されるものとする。

第５条（売買代金の支払方法） 売買代金の支払方法は、甲乙の協議により、別に定めることとする。

第６条（商品納入後の検査義務） 乙は、甲から本件商品の納入を受けた時は、直ちに本件商品を検査しなければならない。

２　検査の方法は、あらかじめ当事者が定めた方法によるものとし、別に定めることとする。

３　前項の検査により、乙が、本件商品に種類、品質又は数量に関して契約の内容に適合しないこと（以下「契約不適合」という）を発見した場合、乙は直ちに書面をもって甲に対しその旨を通知することを要する。

第７条（所有権の移転及び帰属） 本件商品の所有権は、本件商品の現実の引渡しによって甲から乙に移転することを原則とする。ただし、特約がある場合には、代金の弁済が完了するまで本件商品の所有権は甲に帰属するものとする。

第１章　契約書作成の基本ルールとIT契約書式　**15**

2　乙は、本件商品受領の際、直ちに甲の納品書に受領の署名押印をして、甲に発送しなければならない。

第8条（相殺予約）甲が乙に対して債務を負う場合、甲は、基本契約、個別契約及びその他の契約に基づいて生じる甲の乙に対する債権と甲の乙に対する債務とを、甲の乙に対する債権の弁済期到来の有無に関わらず、同一の金額及び条件で相殺できるものとする。

第9条（契約不適合責任）甲より乙へ本件商品を納入した後6か月以内に、乙が本件商品に契約不適合があることを発見した場合、乙は、相当の期限を定めて、甲に対し、本件商品の修理又は交換を請求することができる。その場合の費用負担は、甲が負うものとする。また、本請求は、乙において遅滞なく甲に行うことを要する。

2　前項の場合において、当該契約不適合に基づき乙が損害を被ったときは、乙は甲に対し損害賠償の請求をすることができる。乙が、第三者に発生した損害を賠償したときも、これを準用する。

3　甲は、乙に対する本件商品の納入後6か月を経過したときは、本件商品につき、何ら責任を負わないものとする。

第10条（秘密保持）甲及び乙は、基本契約及び個別契約に関して知り得た営業上又は技術上の秘密を、第三者に開示又は漏えいしてはならない。当事者以外の第三者の情報についても同様とする。

第11条（損害賠償）甲又は乙が基本契約又は個別契約の条項に違反し、相手方に損害を与えたときには、違反した当事者は、損害を被った相手方に対してその損害を賠償するものとする。

第12条（契約解除）甲又は乙は、相手方が次の各号に該当したときは、何らの催告を要せず、直ちに基本契約を解除することができる。

一　基本契約又は個別契約の条項に違反した場合

二　基本契約又は個別契約に違反すると思われる場合に、相当の期間を定めて是正を勧告したにも関わらず、当該期間内に是正を行わないとき

三　営業停止、営業取消等の行政処分を受けたとき

四　税の納付に関し、滞納処分を受けたとき

五　差押、仮差押、仮処分等を受けたとき

六　手形又は小切手につき不渡り処分を受けたとき

七　破産、民事再生若しくは会社更生の手続開始の申立てを行ったとき、又はこれらの申立てが第三者からなされたとき

八　会社の組織について、解散、合併、会社分割、又は事業の全部若しくは重要な一部の譲渡を決議したとき

2　前項に基づいて基本契約が解除されたときは、帰責事由の存する当事者は、他の当事者に対して、基本契約の解除により他の当事者が被った損害を賠償するものとする。

第13条（基本契約の有効期間）基本契約の有効期間は、契約の日より2年間とする。

2　期間満了3か月前までにいずれかの当事者からも、書面による別段の申し出がない場合には、基本契約の有効期間をさらに1年間延長するものとし、以後も同様とする。

3　基本契約の終結又は解除のときに、すでに成立した個別契約がある場合には、基本契約は当該個別契約の履行が完了するまで、当該個別契約の履行の目的のために、なお効力を有するものとする。

第14条（裁判における合意管轄）甲及び乙は、基本契約より生じる紛争の一切につき、甲の本店所在地を管轄する地方裁判所又は簡易裁判所を第一審の専属的合意管轄裁判所とする。

第15条（双方協議）本契約に定めなき事項又は基本契約の条項に解釈上の疑義を生じた事項については、甲乙協議の上、解決するものとする。

本契約の成立を証するため、本書2通を作成し、甲乙署名又は記名押印の上、各1通を保有することとする。

平成○○年○月○日

　　　　　　　　　　　　　神奈川県○○市○○町○丁目○番○号
　　　　　　　　　　（甲）　○○商事株式会社
　　　　　　　　　　　　　　　　代表取締役　○○○○　㊞
　　　　　　　　　　　　　東京都○○区○○町○丁目○番○号
　　　　　　　　　　（乙）　××産業株式会社
　　　　　　　　　　　　　　　　代表取締役　○○○○　㊞

3 トラブル防止のために重要な事項を知っておこう

問題となる事項については契約書で決めておくことが大切

● 争いが生じやすい事柄と記載例

　契約上のトラブルが後日発生することを防ぐためには、将来争いが生じやすい事項につき、あらかじめ適切な規定を設けておくことが大切です。法律に定めがある事項については、契約書に記載しなくても問題ないこともありますが、紛争の予防のために記載しましょう。

① 定義

　人によって解釈の違いが出てしまいそうな用語を定義付けておく項目を作成します。これを「定義条項」といいます。契約を結ぶ当事者同士は共通認識を有しているとしても、トラブルが発生した際に契約書に目を通すのは、弁護士や裁判官などの第三者です。

　業界に明るくない第三者でも用語の意味を誤認しないように、契約書に用語の定義を規定しておくことが大切です。

② 契約期間（履行期日）

　契約する内容について、いつからいつまでの期間、その効力を持たせたいのかを明記しておかないと、契約書自体成立しません。基本的に、スポット契約（単発契約）の場合は、契約期間ではなく、契約の履行期日が重視されます。一方、長期に渡る継続的契約の場合は、契約期間が非常に重要な事項となります。継続的契約においては、自動更新とするのか、そうでないのかも確認しておくことも必要です。

　履行期日とは、債務者が自らの債務を履行しなければならない日時をいいます。たとえば、「1月10日までにAは商品を発送することになっている。商品が届いた後、1月30日までにBは代金を支払う契約になっている」という場合、Aは商品発送、Bは代金支払いについて

債務者となっており、各々に果たすべき債務が生じています。

③　目的物・仕事（業務）内容・対価・支払方法の記載

　売買契約の場合は、売却される目的物が明確でなければ、売買契約として成立しません。一方、業務内容を明確にすることは、請負契約や委任契約などで必要な事柄です。どのような仕事を請け負うか、またはどのような業務の依頼を受けるのか、を明記しておかなければ、契約の意味がありません。

　対価とは、売買、賃貸、業務遂行などに対して支払うお金を指します。対価については、金額に加えて、その金額に税金が含まれているのかどうか、送料など諸費用も含まれているのか、または別途請求となるのか、についても双方で話し合い、明確にする必要があります。そして、対価を現金で支払うのか、振込にするのか、または手形で支払うのか、ということも明記しておかなければなりません。

④　債務履行地

　民法が定めている「債務履行地」は、債務を行うべき場所を指します。売買契約の場合、特定の債務履行地が示されていないときは、目的物の引渡しは、その目的物が存在する場所で行います。売買契約を締結する際に、債務履行地についての記載は必須条件ではありませんが（記載がなければ民法の規定に従います）、スムーズな受け渡しや支払いができるよう、契約書に明記しておいた方がよいでしょう。

⑤　契約解除

　契約解除は、解除権の行使によってなされます。解除権には、法定

■　履行条項　‥‥‥‥‥‥‥‥‥‥‥‥‥‥‥‥‥‥‥‥‥‥‥‥‥‥‥‥‥‥‥

（物件の引渡方法）本件物件の引渡しは、平成○○年○月○日限り、乙の本店営業所においてなすものとする。引渡しは、現実に行うこととする。

第1章　契約書作成の基本ルールとIT契約書式　　**19**

解除権と約定解除権があります。法定解除権は、債務不履行（契約違反など）がある場合、または売買契約において目的物が契約の内容に適合しない（欠陥があるなど）場合などに、法律上当然に認められます。

民法の規定では、債務不履行を理由に法定解除権を行使する場合、相手に履行の催告をした後でないと解除できないのが原則です。催告に時間を要し、解除のチャンスを逃すこともありますから、催告なしで解除できる無催告解除の特約をしておくことが多いようです。

約定解除権は、法律上当然認められるものとは別に、当事者の契約があってはじめて認められるものです。解約手付が交付された場合がその典型例です。解約手付による解除の場合は、相手がまだ契約の履行に着手していないことが要件になります。

⑥　損害賠償・違約金

債権者は、契約上の債務不履行によって自らに損害が生じた場合、債務者に対して、その損害の賠償を求めることができます。また、売買契約において、目的物が契約の内容に適合しない場合、買主は、売主に対して、損害賠償を請求することができます（契約不適合責任）。

これらは法律上の規定ですが、当事者の契約により、あらかじめ損害賠償額を定めておくこともできます（損害賠償額の予定）。

⑦　不可抗力条項

不可抗力条項とは、不可抗力によって債務不履行の状態に陥った場合は、その債務の履行責任を受けない（免責）という規定です。不可抗力とは、天災地変、地震、戦争、テロなど、債務者の過失によらずに起こった、やむを得ない事情のことをいいます。

不可抗力の場合、債務不履行の責任（損害賠償責任など）を負うことはありませんが、何をもって不可抗力というのかで争いが起こることがあります。そのため、不可抗力となる具体例を契約書に記載することで、不可抗力の解釈をめぐる争いを避けることができます。

⑧　契約不適合責任

売買の目的物が契約の内容に適合しない場合、買主は、売主に対して、損害賠償請求、契約解除、履行追完請求（目的物の修補、代替物の引渡しまたは不足分の引渡しの請求）などができます。この制度を契約不適合責任といいます（平成29年改正民法で導入）。

⑨　保証人条項・相殺の予約・公正証書の作成・確定日付

　これらの事項は、契約の拘束力を強める意味で、必要な場合に規定をおいた方がよいでしょう。確定日付とは、押印された日付に文書が存在していた事実を公的に証明するもので、公証役場で押印してもらうことができます。契約書は作成日が重要な意味を持ちますが、相手側が契約書の作成日を実際と異なる日に設定したため、後になってトラブルが発生することがないとは限りません。しかし、確定日付を押印しておくことで、作成日に関する争いを避けることができます。

⑩　秘密保持条項

　秘密保持条項とは、契約の履行をする上で知られた重要な営業秘密を、第三者に開示し、または漏えいすることを禁止する規定です。重要な営業秘密とは、外部に知られると被害が及ぶ可能性のある非公知の情報のことで、おもに経営ノウハウや製造技術などの知的財産情報などが挙げられます。また、顧客名簿などの個人のプライバシーに関わる情報も、外部漏えいをしないよう注意して管理すべき情報です。

　秘密保持条項に違反があった場合は、損害賠償請求だけでなく、差止請求（侵害行為や違反行為を止めるよう請求すること）ができるこ

■ 不可抗力条項 ……………………………………………………………

> **（不可抗力による履行遅滞等）** 天災地変、戦争、暴動、テロ、輸送機関の事故、その他甲乙双方の責めに帰すべからざる事由により、この契約の全部又は一部が履行遅滞又は履行不能になったときは、当事者は責任を負わない。

とも規定しておきましょう。

⑪　**納入・検査のトラブル**

　納入が遅れる、納入先の受け入れがうまくいかない、注文していない商品が誤って納品されるなど、物品の売買契約では「納入」に関する部分でトラブルが起きやすい傾向があります。

　また、納入に関するトラブルと同様に、物品の「検査」に関するトラブルも多く発生しています。不良品が市場に出回ると大変な損害になりますので、検査については、検査基準と検査方法を明確に提示しておくことが必要です。また、契約の相手が検査する場合は「検査期間」も忘れずに規定しておきましょう。

　このように、トラブルの起きやすい納入と検査ですが、契約書では「検収」という用語によって、両者が一括りで表されてしまうことがありますので要注意です。納入と検査は、まったく別過程ですので、このような曖昧な「検収」という用語は使用を避けるか、契約書で定義付けを明確にしておくことが必要でしょう。

⑫　**クレーム処理（苦情処理）**

　商品販売契約やシステム開発委託契約では、顧客や第三者からのクレーム（苦情）に対して、誰が処理（対応）するか、処理の費用は誰が負担するかを取り決めておかなければなりません。顧客や第三者との間で訴訟に発展し、損害賠償請求まで話が及んだときのことも念頭においた方がよいでしょう。考えられるクレームや訴訟の内容を検討した上で、契約時に責任や費用の分担を決めておくのが賢明です。

⑬　**完全合意条項**

　完全合意条項とは、この契約書の記載事項のみが完全な合意であり、契約書に記載されていない事項や、契約が締結されるまでに交わされた合意や約束事は、すべて無効とする規定です。完全合意条項を契約書に盛り込むことで、契約の内容が特定化されます。そのため、特に契約締結前に交わされた合意や口約束などを持ち出されて起こるトラ

ブルを、事前に防ぐことができるようになります。

⑭　協議条項

契約書の規定外の事項が発生したときに備え、当事者間で協議する旨を盛り込みます。

・裁判管轄（専属的合意管轄）

契約上の争いについて裁判所に判断を求める際は、管轄権を有する裁判所に申し立てます。通常の民事訴訟は、原則として相手方（被告）の住所地を管轄する裁判所に訴えなければなりません。しかし、相手方が遠隔地の場合は多額の訴訟コストがかかって不便なため、特約により便利な管轄裁判所を定めることが多いようです。これを専属的合意管轄といいます。

● 契約書と印紙税

契約書には、契約内容や記載金額に応じて収入印紙を貼付すべき場合があります。たとえば、委任（準委任）契約の場合は、印紙税が原則不要ですが、請負契約と判断される場合は、契約内容や記載金額に応じて印紙税が課税されます。本書の各契約書式には想定される印紙税額を表記していますが、必ずしも管轄税務署と見解が一致するものではないため、作成前に管轄税務署に確認することが必要です。

■ 秘密保持条項 ………………………………………………………

（秘密保持義務）

甲は、職務の遂行上知り得た乙の経営内容、内部事項、機密情報、その他業務に関する一切の情報を漏えいしてはならない。

2　前項の秘密保持義務は、甲の転職又は退社の後も、同様とする。

3　甲が、前2項の規定に違反した場合、甲は、それにより乙が被った損害を賠償しなければならない。

IT契約をめぐる民法債権法の改正ポイントについて知っておこう

約3年後に契約などのルールが変わることに留意する

● どんな改正なのか

　平成29年に民法改正が成立し、法務省は2020年4月1日に施行することを公表しています。今回の民法改正は、契約などの規律を定める「第三編（債権）」の全面的な見直しに主眼を置いているため、債権法改正とも呼ばれています。債権法改正は、ネット時代の到来をはじめ、時代の変化に伴い契約のしくみを見直す改正を含んでおり、IT法務への影響も大きいといえます。以下では、IT法務に関連する民法改正の事項を簡単に取り上げていきます。

● 契約成立時期を到達主義に統一

　当事者が直接対面している場合（対話者間）は、申込も承諾も瞬時に相手に伝わります。たとえば、買主が「A商品を買いたい」と言ったのに対し、売主が「この商品を売ります」と言えば、原則として契約が成立します。一方、当事者が互いに離れている場合（隔地者間）は、申込や承諾が相手に伝わるまでには、一定の時間を要するので、いつの時点で契約を成立させるのかが問題となります。

　改正前の民法は、隔地者間の契約は、承諾の通知を発信した時点で成立するとしていました（発信主義）。発信主義を採用したのは、特に商取引を念頭に、効率的に大量の取引を処理する際は、契約が早く成立する方が好ましいと考えていたからです。改正前の民法が制定された約120年前の通信手段は主に郵便で、情報のやり取りに時間を要していたという時代背景もありました。

　しかし、通信手段が格段に発達した現代社会では、隔地者間でも意

思表示が瞬時に相手に伝わることから、契約の承諾の意思表示だけに発信主義を採用する合理性は失われてきました。そこで、改正民法は、隔地者間の契約は、申込の意思表示と同じく、承諾の意思表示が相手に到達した時点で成立することとしました（到達主義）。

なお、電子契約法の規定により、インターネット上の取引に関する契約成立時期は到達主義に改められています。改正民法は、電子契約法の到達主義を取り入れたということができます。

● 契約解除の要件の変更

改正前の民法では、契約解除が認められる要件として、①債務の履行がない（債務の不履行）、②債務者に帰責事由がある、③債権者から債務者に履行を催告した、の3つを原則として要求していました。

しかし、契約解除を認める趣旨としては、債務者に対する制裁ではなく、契約の拘束力から債権者を速やかに解放することを重視すべきであるから、債務者の帰責事由の有無を問わず、債務の履行がなければ債権者を契約の拘束力から解放すべきと考えられるようになりまし

■ 契約の効力発生時期

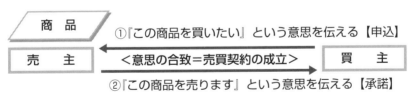

◎申込・承諾共に「到達主義」が採られることになった

◎承諾のための期間を定めた場合
　承諾の意思表示が遅延して届いた場合、申込を行った者は相手方に通知する義務はない ⇒ この場合、原則として契約は成立しない

◎承諾のための期間を定めなかった場合
　原則として一定期間経過後でなければ、申込の意思表示を撤回できない

第1章　契約書作成の基本ルールとIT契約書式　25

た。そこで、改正民法は、上記②の債務者の帰責事由を契約解除の要件から除外して、債務者に帰責事由がなくても、契約解除ができることにしました。ただし、債務の不履行（上記①）について債権者に帰責事由がある場合は、契約解除ができないとも規定しています。

● 契約不適合責任の導入

　インターネット上の売買契約において重要な改正といえるのが、契約不適合責任の導入です。改正前の民法では、売買の目的物に隠れた瑕疵（欠陥）があった時に、買主は、売主に対して損害賠償請求をしたり、契約解除ができる制度がありました。これを「瑕疵担保責任」といいます。ただ「瑕疵」というのは、目的物が通常有するであろう性能を欠いていることを意味すると解釈されますが、この解釈に従うと、買主が高性能の商品を望んで売買契約を結んだにもかかわらず、売主が一般的な性能を有する商品を引き渡したとしても、少なくとも「瑕疵はない」商品を引き渡したことになり、買主は、売主に対して瑕疵担保責任を追及できないという結論になりました。

　しかし、買主の立場にたつと、契約の目的に沿うような商品の引渡しを受けたかといえば、決してそうとはいえません。

　そこで、改正民法は、瑕疵担保責任を含む売主の担保責任に関する規定を削除して、民法上は「瑕疵」という概念を使わないことにしました。その代わりに「契約不適合責任」という概念を新たに導入して、「引き渡された目的物が種類、品質または数量に関して契約の内容に適合しない」（これを「契約不適合」といいます）場合における買主の請求権を定める形で、売主の責任に関する制度を整えました。契約不適合責任は、基本的には売買以外の契約にも適用されます。

　そして、契約不適合の給付を受けた買主に対して、改正民法は4つの救済手段を用意しました。とくに瑕疵担保責任の追及としては原則として行えなかった下記①②の請求が、改正民法の規定に基づいて行

えるようになった点が特徴です。ただし、契約不適合について帰責事由がある買主は、救済手段を行使できないとの制約があります。

① 追完請求権

　買主は、目的物の種類・品質・数量が契約不適合である場合、売主に対して、目的物の修補、代替物の引渡し、不足分に関する追加の引渡しを請求することができます。

② 代金減額請求権

　買主は、ⓐ相当な期間を定めて追完を催告したのに売主が追完をしない場合、ⓑ履行の追完が不可能である場合、ⓒ売主が履行の追完を拒絶する意思を明確に表示した場合は、売主に対して、追完がされないことによる契約不適合の程度に応じて、売買代金の減額を請求することができます。

③ 損害賠償請求権・契約解除権

　買主は、一般の債務不履行に関する規定に則って、売主に対して損害賠償請求をしたり、契約解除を行うことができます。

● 変動制の法定利率を採用

　法定利率について、改正前の民法は年5％（民事法定利率）、商法では年6％（商事法定利率）を規定していました。

　今回の民法改正で、法定利率を民法施行時に年3％に引き下げて、その後は3年ごとに1％刻みで見直す変動制を採用することにしました。この変動制は民事・商事の区別なく一律に適用されるため、商事法定利率に関する商法の規定が削除されました。

● 定型約款に関する規定の新設

　一般に「約款」とは、不特定多数の者と取引することを想定して、定型的な条項をあらかじめ定めておき、それを契約の内容とするものです。約款はさまざまな取引で広く利用されていますが、改正前の民

第1章　契約書作成の基本ルールとIT契約書式　　**27**

法には、約款に関する規定が存在していませんでした。つまり、約款は契約の内容となり得るのに、その法的根拠が不明確な状態であったということができます。そこで、約款の法的根拠を明確にするため、改正民法は、約款に関する規定を新たに設けました。

　ただし、約款といってもその種類は無数にありますので、約款の中から最もスタンダードな部分を抽出したものを「定型約款」と名付けて、その要件や効果を規定しました。つまり、改正民法は、無数にある約款のうち「定型約款」に該当するものについて規定を設けたにとどまり、約款全般に妥当する規定を設けたものではありません。

・定型約款の定義

　定型約款とは、「定型取引において、契約の内容とすることを目的としてその特定の者により準備された条項の総体をいう」と定義しています。その上で、定型約款の規定が適用される「定形取引」とは、特定の者が不特定多数の者を相手とする取引で、その内容が画一的であることが双方にとって合理的なものを指すと定義しています。

　たとえば、預金規定、通信サービス約款、運送約款、カード会員規約などは、すべてのユーザーに共通した画一性のある定型取引に関する条項として、定型約款に該当する可能性が高いといえます。

・みなし合意とその例外

　改正民法では、当事者間で定型取引をする合意（定型取引合意）があった際、ⓐ定型約款を契約の内容とする合意もあった場合、またはⓑ定型約款を契約の内容にする旨を事前に相手方に表示していた場合は、定型約款の個別の条項について合意があったとみなすことになりました。これを「みなし合意」といいます。定型約款のみなし合意によって、定型取引で画一的な契約関係の処理が可能になります。

　ただし、相手方の権利を制限し、または義務を加重する条項が、定型取引の態様・実情や取引上の社会通念に照らし、信義則（信義誠実の原則）に反して相手方の利益を一方的に害すると認められる場合は、

その条項について合意しなかった（その条項が当事者間で適用されない）とみなされます。そこで、約款を定める際は、個別の条項が相手方（買主など）の利益を不当に制限する内容ではないか、十分に検討しなければなりません。

● 経過措置について

　改正民法の施行後に結んだ各種の契約には、原則として新法（改正後の規定）が適用されます。しかし、継続的に取引をしている相手との間で、施行日をまたいで存続する契約関係等については、旧法（改正前の規定）または新法のいずれが適用されるのかによって、取引内容に重大な影響を与える場合も少なくありません。そこで、改正民法は附則において、経過措置規定（新法・旧法のどちらが適用されるかなどについて、社会の混乱を避けるために法の過渡期に定められる規定のこと）を設けて、改正に伴う法律関係を整理しています。

　契約の成立時期について、改正民法では到達主義に統一されることになりますが、施行日前に隔地者間で行われた契約については、新法（改正後の規定）の適用はありません。したがって、施行日前は旧法（改正前の民法）における発信主義の規定が適用されますので、契約当事者は経過措置規定に注意が必要です。また、法定利率に関しても、施行日以後に生じた利息について新法が適用されますので、施行日前に生じた利息については、旧法に従って債務者に請求を行うことになります。さらに、売買契約をはじめとするいくつかの契約類型において、改正民法の施行日前の契約については、旧法によると定められていますので、たとえば、契約不適合責任に関する規定も、改正民法の施行日以後に締結される契約から適用されます。

　以上に対し、定型約款については、施行日前に締結した契約に関しても、施行日以後は原則として新法が適用されます。

第1章　契約書作成の基本ルールとIT契約書式　**29**

書式 1 ソフトウェア使用許諾契約書

使用許諾契約書

株式会社○○○○（以下「甲」という）と株式会社○○（以下「乙」という）は、甲が著作権を有するソフトウェア「○○○○」（以下「本件ソフトウェア」という）について、以下の通り、使用許諾契約（以下「本契約」という）を締結した。

第1条（目的） 甲は、乙に対して、本件ソフトウェア（範囲については別添目録記載）の非独占的使用権を付与し、乙は、甲に対して、ライセンス料を支払う。

第2条（内容） 乙は、本件ソフトウェアを、次の範囲で使用することができる。

① 本件ソフトウェアを日本国内に設置された1台のコンピュータにインストールすること

② 本件ソフトウェアを同時に使用しない場合、日本国内に設置された複数台のコンピュータにインストールすること

2 乙は、前項の範囲内での業務目的を達成するために、バックアップのための本件ソフトウェアの複製品及びドキュメンテーション（範囲については別添目録記載）を作成することができる。

3 乙は、本件ソフトウェアを第三者に譲渡する場合、当該第三者に本契約を同意させると共に、コンピュータにインストールした本件ソフトウェア及びバックアップをすべて消去するものとする。

第3条（期間） 本契約の有効期間は、平成○○年○月○日より○年間とする。

2 前項の期間満了1か月前までに、甲又は乙から相手方に対して、書面による更新拒絶の意思表示をしない限り、本契約は同一の条件をもって○年間更新されたものとみなし、以後も同様とする。

第4条（引渡し） 甲は、平成○○年○月○日に、本件ソフトウェアを乙に引き渡す。

第5条（検査） 乙は、前条の引渡後、遅滞なく、本件ソフトウェアの契約内容上の不適合（以下「契約不適合」という）の有無、並びに別添目録記載の仕様及びドキュメンテーション記載との適合性を検査する。

2　乙は、前項の検査後、本件ソフトウェアに契約不適合等の問題があるか否かを、前条の引渡しから1か月以内に書面で甲に対して通知する。

3　本件ソフトウェアに問題がないことが甲に通知されるか、又は前項の期間内に何らの通知もされない場合には、本件ソフトウェアの検査は完了したものとみなす。

第6条（ライセンス料） 乙は、甲に対して、本件ソフトウェアの使用許諾に対する対価として、金〇〇〇万円のライセンス料を支払う。

2　乙は、前項のライセンス料を、平成〇〇年〇月〇日までに、電信扱いにより甲名義の銀行口座に振り込む方法によって支払う。振込手数料は乙の負担とする。

第7条（品質保証） 甲は、本件ソフトウェアの使用を第三者に許諾する権利を甲自身が有していること、及びいかなる第三者の著作権をも侵害していないことを保証する。

2　第5条の検査の結果、本件ソフトウェアに契約不適合等の問題が発見された場合、甲は、遅滞なく、本件ソフトウェアを無償にて修補し、又は適正なものと交換する。

3　本件ソフトウェアに契約不適合等の問題が、第5条の検査により発見されない場合でも、甲は、本契約の有効期間中、本件ソフトウェアが別添目録指定の環境下においてドキュメンテーション記載の仕様に適合せず、又は第4条の引渡時より前にウィルス等に感染していた場合、本件ソフトウェアを無償にて修補し、又は適正なものと交換する。

第8条（通知義務） 乙は、本件ソフトウェアの使用に起因して、第三者より知的財産権等の権利を侵害したとの主張に基づく請求、訴訟の提起等を受けたときは、遅滞なく、甲に対して、その旨を書面により通知しなければならない。

2　前項の通知を受けた場合、甲は、乙の権利を保護するために必要な本件ソフトウェアに関する資料、訴訟費用（弁護士及び弁理士費用を含む）の提供等を行わなければならない。

第1章　契約書作成の基本ルールとIT契約書式　**31**

第9条（返還義務） 乙は、本契約に関連して、甲から受領した一切の書類、電磁的記録等の情報媒体物及びそれらの複製物を、本契約終了時に、甲に返還しなければならない。

第10条（禁止事項） 甲及び乙は、本契約に関連して知り得た相手方の情報を、相手方の許諾なく開示又は漏えいしてはならない。

2 乙は、甲の書面による事前の許諾なく、本件ソフトウェアを改変、複製（第2条第2項を除く）、公衆送信、貸与、逆コンパイル、逆アセンブル又はリバースエンジニアリングをしてはならない。

第11条（解約） 甲は、乙が本契約上の債務を履行しない場合は、相当の期間を定めて履行を催告し、この期間内に履行がない場合は、本契約を解約することができる。ただし、債務不履行が乙の重大な過失によらない限り、甲は乙に損害賠償を請求することはできない。

2 乙は、甲が本契約上の債務を履行しない場合は、相当の期間を定めて履行を催告し、この期間内に履行がない場合は、本契約を解約し、損害賠償を請求することができる。

3 本契約が解約された場合、甲は、受領済のライセンス料を受領日から解約の日までの日数に〇〇〇円を乗じた額を控除して、乙に返還しなければならない。

第12条（協議義務） 本契約に規定のない事項又は解釈上生じた疑義については、甲及び乙は相互に、信義に従い誠実に協議を行い、これを解決しなければならない。

第13条（管轄） 本契約にかかる紛争については、〇〇地方裁判所を第一審の専属的合意管轄裁判所とする。

　本契約成立の証として本契約書を2通作成し、甲乙は署名又は記名押印の上、各自1通ずつ保管する。

平成〇〇年〇月〇日

　　　　　　　　　　（甲）東京都〇〇区××〇丁目〇番〇号

　　　　　　　　　　　　　株式会社〇〇〇〇

　　　　　　　　　　　　　代表取締役　　〇〇〇〇　㊞

（乙）東京都××区××○丁目○番○号

株式会社○○

代表取締役　　○○○○　㊞

〈別添目録　略〉

Point

1　どんな契約なのか

　ソフトウェアの使用許諾契約とは、ソフトウェアを他人に使用させ、その対価（ライセンス料）を得るための契約です。1人（1社）とだけ契約することも、複数人と契約することもできます。

　本書式例のソフトウェアの場合、一般的な著作物で見られる「利用」許諾でなく、「使用」許諾であることに注意が必要です。ソフトウェアの場合は、著作権法で予定されている利用方法である「複製」や「公衆送信」などを認めず、あくまでソフトウェアの「使用」のみを許諾することが多いからです。

　使用許諾契約を締結する場合、当事者間で決めておく最低限の事項は、使用範囲（第2条）、使用期間（第3条）、使用の対価とその支払方法（第6条）です。ソフトウェアに付属するドキュメンテーションの取扱いも併せて確認しておくべきでしょう。なお、実務上はインストールできるコンピュータを詳細に定めることがあります。

2　本契約書固有の問題

　ソフトウェア使用許諾といっても、やはりその権利の根拠は著作権にあります。この場合、第7条のように契約の対象が第三者の著作権を侵害するものでないことを明示しておくべきでしょう。

　また、あくまでソフトウェアの使用を認めたにすぎず、使用者がソフトウェアに対する無制限な権利を有したわけではありません。そこで、第10条のような禁止事項の規定が必要です。特に第2条第2項を除く複製行為や、改変、公衆送信、リバースエンジニアリングなどは厳格に禁止しておきます。

第1章　契約書作成の基本ルールとIT契約書式　**33**

書式 2 ASPサービス使用許諾契約書

ASPサービス使用許諾契約書

　株式会社○○○○（以下「甲」という）と、株式会社○○○○（以下「乙」という）は、ASPサービス（以下「本サービス」という）の使用許諾に関し、以下の通り契約（以下「本契約」という）を締結する。

第1条（定義） 本契約上で使用される用語の定義は次の通りとする。

　一　「ASPサービス」とは、ネットワークに接続されたコンピュータ間で情報の交換、共有及びスケジュール管理等、業務の効率化を実現する機能の提供サービスをいう。

　二　「サーバ」とは、ネットワーク上において、コンピュータからの要求を受け、一括処理をしてファイル及びデータ等を提供するコンピュータをいう。

　三　「ライセンス」とは、本契約書で許諾された範囲内において本サービスを利用することができる権利をいう。

　四　「ライセンスキー」とは、ライセンスを許諾された場合に与えられる乱英数字等をいい、本サービスを正規に使用するために必要となるものをいう。また、1つのライセンス毎に1つのライセンスキーが与えられる。

　五　「ブラウザ」とは、本サービスを閲覧するため、データや情報をまとまった形で表示するソフトウェアをいう。

　六　「アップロード」とは、ネットワークを通じて、ファイル及びデータ等をサーバに送信することをいう。

　七　「電子メール」とは、ネットワークを通じて行うメッセージ通信をいい、電子メールを利用した一切の通知は、当該通知が相手方に到達した時点で効力が生じるものとする。

第2条（目的） 甲は乙に対し、本サービスに関して、非独占的かつ譲渡不可とする使用を許諾する。

2　前項の許諾が有効な地域は、日本国内とし、与えられたライセンス

キー数の範囲内で、複数のコンピュータにより、本サービスを利用することができるものとする。

3　本サービスの推奨動作環境及びセキュリティ等の詳細（以下「使用条件」という）は別紙に記載し、乙は、使用条件を自らの責任と費用にて整備するものとする。

第3条（使用料）乙は、契約成立日から契約終了日までの期間、別紙に定める使用料を甲に支払うものとする。なお、契約成立日又は契約終了日が月の途中であっても、乙は、当該月1か月分の使用料を支払わなければならない。

2　前項の使用料は、甲が当月分の利用料を翌月10日までに乙に請求し、乙は、請求対象月の翌月末日までに、別紙に定める甲の指定する金融機関口座に乙の手数料負担のもと、振り込むものとする。

第4条（契約期間）本契約の期間は、契約成立日から1年間とする。ただし、期間満了の1か月前までに、甲又は乙から、何らの意思表示がない場合には、更に1年間、同一条件にて延長したものとみなし、以後も同様とする。

第5条（本サービスの提供）本サービスは、1日24時間年中無休で提供する。ただし、次の各号のいずれかに掲げる場合、甲は、本サービスの一部又は全部の提供を中断、停止、アクセス制限又は容量制限（以下「中断等」とする）することができ、乙はこれを承諾する。

一　本サービスを提供するための装置又はシステム等の保守又は工事のため、やむを得ないとき

二　本サービスを提供するための装置又はシステム等の障害によってやむを得ないとき

三　本サービスを提供するために、甲の電気通信サービスに支障が発生したとき

四　乙からのアクセスが原因となり、システムの容量を超える使用がなされたとき

五　第8条のID等の漏えい等、セキュリティに問題が生じたとき

六　その他、運用上又は技術上、甲が合理的な理由により本サービス提供の中断等が必要であると判断したとき

第1章　契約書作成の基本ルールとIT契約書式　**35**

第6条（ライセンス登録）本サービスの使用にあたって、乙は、使用者ごとにライセンスキーを購入し、ライセンス登録をしなければならない。なお、ライセンスの価格は別紙に定める。

2　乙は、ライセンス登録した使用者に対し、本契約に定める各条項を遵守させなければならない。

3　使用者の登録における申込者に対しては、甲がその申込を承諾し、ライセンス登録が完了した時点から、本サービスの使用を開始させるものとする。

4　甲は、次のいずれかに該当する場合、本サービスの使用を拒否することができる。

一　申込者が、甲の定める方法によらず使用の開始を行った場合

二　申込者に、申込にあたって虚偽の事項があったことが判明した場合

三　その他、合理的な理由により甲が不適切と判断した場合

5　前項の規定に関わらず、甲は、以下のいずれかに該当する場合、乙の使用者に係る全ライセンスを停止することができる。

一　乙が本サービスの使用料支払を怠った場合

二　使用者が本契約のいずれかの規定に違反した場合

6　乙は、前項によるライセンス停止期間中においても、当該期間中の利用料の支払義務を負う。

第7条（登録事項の変更）乙は、使用許諾に際して通知した登録事項に変更があるときは、速やかに変更を通知しなければならない。

2　甲は、乙が前項に定める通知を怠ったことにより、乙又は第三者に生じた損害に対して、一切の責任を負わないものとする。

第8条（ID・パスワードの管理）乙は、本サービスを使用するため、甲から交付されたID及びパスワード（以下「ID等」という）により、ライセンス管理をし、当該ID等が第三者（本サービスのライセンスキー発行を受けていない乙の従業員を含む。以下、本条において同じ）に開示又は漏えいすることがないよう善良な管理者の注意をもって管理するものとする。

2　乙の責めに帰すべき事由により、ID等が第三者に開示又は漏えいした場合、乙は直ちに、甲へ連絡する義務を負う。また当該第三者が

ID等を用いて、本サービスを使用した場合、乙による使用とみなす。

3　前項の場合、乙は、ライセンスキー数を超えた使用者の数に合わせて、ライセンスキーを購入し、ライセンス登録をしなければならない。

第9条（禁止事項）乙は、本サービスの利用にあたり、次のいずれかに該当する行為をしてはならないものとする。

一　有償又は無償を問わず、本サービスを第三者（ライセンス登録を受けていない乙の従業員を含む）に利用させること。

二　本サービスを法令又は公序良俗に反する目的で利用すること

三　本サービス又は第三者の著作権その他の知的財産権を侵害する行為

四　甲の本サービスの運営に支障を及ぼす行為又はそのおそれがある行為

五　本サービスに対して、逆エンジニアリング、逆コンパイル、逆アセンブル等を試みる行為

六　前各号に定める他、本契約及び法令に違反する行為

2　甲は、乙が前項で禁止する行為を行ったことにより、乙又は第三者に生じた損害に対して、一切の責任を負わないものとする。

第10条（責任の範囲）甲は、提供する本サービスに関し、次の各号に定める責任のみを負担し、その他の責任は一切負担しないものとする。

一　サーバへのアクセス

二　第三者によるサーバデータの毀棄、改変又は不正な接続に対する防御措置。ただし、社会通念上、正当かつ妥当な手段によっても防御できない方法を用いて、第三者がサーバに接続等を行った場合、甲は一切の責任を負わない。

2　甲が、次の各号に関し、何らの保証を行うものではないことを乙は承諾する。

一　本サービスが乙の意図する目的又は用途に適合すること

二　アクセス回線を利用した通信が正常に行われること

三　アクセス回線を通じて送受信されたデータが完全、正確、又は有効であること

四　サーバのコンピュータからの問い合わせ又は処理要求に対する通信速度

第1章　契約書作成の基本ルールとIT契約書式　**37**

五　乙が、本サービスによってアップロードしたデータ等のバックアップ

六　本サービス利用によって、乙のコンピュータへの不具合及び障害が生じないこと

七　本サービスの永続的な提供

第11条（秘密保持）甲及び乙は、本契約の履行に関連して知り得た相手方に関するすべての秘密情報を、相手方の書面又は電子メールによる承諾なくして、第三者に開示又は漏えいしてはならない。ただし、法令の定めに基づいて、官公署等から開示の要求があった場合は、開示することができる。

2　前項の秘密情報には、次の各号に掲げる情報を含まない。

一　秘密保持義務を負うことなくすでに保有している情報

二　秘密保持義務を負うことなく第三者から正当に入手した情報

三　相手方から提供を受けた情報によることなく独自に取得し、保有するに至ったことを証明することができる情報

四　事前に公知となっている情報

3　本条の規定は、本契約終了後又は期間満了後も有効に存続する。

第12条（個人情報の利用及び管理）甲は、本サービスの提供に際して知り得た乙の顧客に係る個人情報を取り扱う場合、各々の責任において、個人情報の保護に関する法律（平成15年5月30日法律第57号）、その他の法令に従い適切に利用及び管理する。

第13条（譲渡禁止）甲及び乙は、事前に相手方の書面による同意を得た場合を除き、本契約に基づいて発生する一切の権利を第三者に譲渡し、又は担保に供してはならない。

第14条（賠償責任）甲及び乙は、本契約に基づく債務を履行しないことが原因で、相手方に現実に損害を与えた場合には、本契約の解除の有無に関わらず、第3条による使用料の額の1年分を限度として損害賠償責任を負う。なお、本条の解除には、相手方の責めに帰すことができない事由による一方的な解除を含むものとする。

第15条（免責）甲は、次の各号につき、一切の責任を負わないことに乙は同意する。

一　甲の予見を問わず、甲の責めに帰すことができない事由により生じた損害に対する責任、間接的、二次的、付随的及び懲罰的な損害賠償責任並びに乙の利益又は売上の損失に対しての責任

二　乙の本サービス利用による、第三者から訴えの提起、クレーム

三　乙の通信回線、コンピュータ環境、コンピュータウィルス感染その他の甲による管理が及ばない理由による本サービスの不具合

第16条（不可抗力）甲及び乙は、天災地変、戦争、内乱、暴動、ストライキ、労働争議、社会的大変動、法令の改廃及びその他の本契約に重大な影響を与えると認められる事由など、双方いずれの責めにも帰することができない不可抗力によることが明らかであるときは、本契約の不履行とはせず、その責を負わないものとする。

第17条（契約の解除及び期限の利益の喪失）甲及び乙は、相手方が次の各号のいずれかに該当した場合には、事前の催告なく、本契約の全部又は一部を解除することができる。

一　当事者の一方が相手方に対する料金支払債務、その他一切の債務について弁済を怠ったとき

二　差押、仮差押、仮処分、公売処分、租税滞納処分及びその他公権力の処分を受けたとき、民事再生手続きの開始、会社更生手続きの開始、破産手続きの開始若しくは競売を申し立てられたとき、又は自ら民事再生手続きの開始若しくは会社更生手続きの開始若しくは破産手続きの開始の申立てを行ったとき

三　監督官庁により営業停止又は営業免許若しくは営業登録の取消の処分等、行政処分を受けたとき

四　資本減少、営業廃止、営業変更又は解散の決議をしたとき

五　自ら振り出し、又は引き受けた手形又は小切手について、不渡りとなった場合、又は不渡り処分を受けた場合等、支払停止状態に至ったとき

六　本契約の条項に違反し、当事者の一方が相当な期間を定めて催告したにも関わらず、なおその期間内に是正しないとき

七　その他、財産状況が悪化し、又はそのおそれがあると認められる相当の事由があるとき

第1章　契約書作成の基本ルールとIT契約書式　**39**

八　刑法上の犯罪行為、民事上の不法行為、その他法令・公序良俗に反する行為が認められたとき

九　当事者の一方が信用を著しく毀損する行為又は背信的と認められる行為を行ったとき

2　前項各号のいずれかに該当した当事者は、相手方に対し負っている債務について期限の利益を失い、直ちに債務の全部を一括して弁済しなければならない。

第18条（準拠法、合意管轄）本契約の準拠法については日本法が適用されるものとする。

2　甲及び乙は、本契約に関して万一紛争が生じた場合は、○○裁判所を第一審の専属的合意管轄裁判所とすることに合意する。

第19条（協議）本契約に定めのない事項若しくは本契約の条項の解釈に疑義が生じた事項については、甲乙協議の上、円満解決を図るものとする。

以上、本契約成立の証として、本契約書を2通作成し、甲乙署名又は記名押印の上、各々1通を保有する。

平成○○年○月○日

（甲）○○県○○市○○町○丁目○番○号
　　　　株式会社○○○○
　　　　代表取締役　○○○○　㊞
（乙）○○県○○市○○町○丁目○番○号
　　　　株式会社○○○○
　　　　代表取締役　○○○○　㊞

（別紙）

■本サービス利用料の詳細

利用料	月額　¥25,000-（消費税を含まない） ※ライセンスキー数50を含む
問い合わせサポート費 （追加オプション）	月額　¥10,000-（消費税を含まない）
追加ライセンス	10ライセンスごと月額　¥8,000（消費税を含まない）

■使用条件の詳細

コンピュータ	CPU：1 GHz以上 メモリ（RAM）：1 GB以上 ハードディスク：10GB以上の空き容量 ディスプレイ：解像度1024×768ピクセル以上
OS	Windows　10／8.1／8／7（SP1以降）
ブラウザ	Microsoft Internet Explorer 11 Microsoft Edge Google Chrome（最新及びその1つ前のバージョン）
ソフトウェア等	Acrobat Reader DC以上 JavaScriptの設定（有効） Cookie受け入れ設定（有効）
通信回線	ブロードバンド回線（xDSL, FTTH, 専用回線等）
セキュリティ	最新のセキュリティパッチ適用を前提とする 最新のウィルス対策ソフト導入を前提とする ※ウィルス対策ソフト及びファイアウォール設定に関して本 　サービスのURLを除外すること。

■甲指定の金融機関口座

○○○○銀行　○○○○支店

普通預金口座　番号○○○○

口　座　名　義　　カブシキガイシャ○○○○○○○○

Point

1 どんな契約なのか

ASPサービスは、インターネットを利用したアプリケーションの提供を行うサービスです。顧客はWebブラウザから提供元のサーバにアクセスすることでサービスを使用します。本書式例では、企業が導入するグループウェア（情報共有や共同作業を行えるアプリケーション）を提供する場合を想定しています。

ASPサービスは基本的にサーバの運用や保守をはじめ、バージョンアップなどを提供事業者が担い、月額固定支払制度をとります。

前提として、提供事業者が権利を有するアプリケーションの使用許諾（ライセンス契約）であることに注意が必要です（タイトル、第2条）。このことから、ライセンスの範囲（第2条第2項）、ライセンス数ごとの料金（第6条、第8条第3項）などの取り決めは重要になります。そのため、サービスの使用者が提供事業者に対して負う基本的な義務は使用料の支払いです。そこで、契約条項の中で使用料の支払いに関して明記しておくことが不可欠です。本書式例では、月の途中からの契約締結または契約終了に関しては、1か月分の利用料が発生するとの条項が置かれています（第3条）。

通常、月額払い・分割払いの契約では、約束された期日に弁済しなかった場合、債権者は債務者に対し、債務の残額を一括して弁済するよう請求できる旨の特約が付されています（第17条第2項）。これを期限の利益喪失条項といいます。期限の利益喪失条項がある場合は、使用者が使用料の支払いを怠ったり、使用者について破産手続開始決定等が行われると、その時点で、残りの契約期間中に発生する使用料を月額ではなく一括して支払う義務が発生することになります。

2 ASPサービス使用許諾固有の問題

サービスの完全性、機密性、可用性について考慮した条項は、以下の通りです。

① 完全性について

企業などがASPサービス上で重要なデータを取り扱うことから、改ざん、削除、破損が生じると大きな損害となります。そこで、データに関

する責任の制限（第10条第1項第2号）をしたり、データのバックアップについて自己責任とすること（第10条第2項第5号）が考えられます。

② **機密性対策**

　情報漏えいによるリスクを軽減するため、使用者によるID・パスワードの管理を義務付け（第8条）、ライセンス登録を受けた者以外の使用を禁止します（第9条第1項第1号）。また、ID等が漏えいした場合の対策（第5条第5号）、それぞれの免責規定も重要です。

③ **可用性の担保**

　提供事業者による利便性の高い使用環境の担保（第10条第1項）に対しては、使用者自身の自己責任（第2条第3項）、提供事業者の免責（第10条第2項）、禁止事項（第9条）で調整します。

3　ASPサービスとクラウドの関係について

　本書式例ではASPサービスを例としていますが、近年ニーズが高まっているクラウドコンピューティングとの取扱いの違いが焦点となるところです。

　いずれもソフトウェアやデータをネットワーク経由のサービスとして使用することは共通していますが、大前提として、ASPサービスでは個別のユーザに対してシステム環境の構築を行い、サービスの提供を行います。本書式例においても、サーバやデータベースの運用や保守などに関して個別対応が想定されています。

　一方、クラウドコンピューティングでは、複数のユーザが環境を共有していることが大前提です。提供事業者は大規模なサーバを準備し、複数のユーザがインターネットを通じて、ソフトウェアやデータ保存領域などを活用します。

　また、クラウドコンピューティングでは、個人の使用するソフトウェアやメールソフト、オンラインストレージなどのサービスをオンラインで提供することがセールスポイントとなります。この点から、ユーザに提供事業者側のセキュリティ対策やサーバのハードウェア情報が伝わりにくくなります。そこで、ASPサービス使用許諾契約に加えて、ソフト面・ハード面共にセキュリティレベルを中心とした契約条件の取り決めをしっかり明記しておく必要があります。

第1章　契約書作成の基本ルールとIT契約書式　　**43**

書式 3 スマートフォンアプリケーション制作
業務委託契約書

スマートフォンアプリケーション制作業務委託契約書

　株式会社○○○○（以下「甲」という）と株式会社○○○○（以下「乙」という）とは、甲が必要な一切の権限を有する「○○○○」（以下「コンテンツ」という）のスマートフォン向けアプリケーション（以下「本件アプリ」という）の制作及び運用・保守について、以下の通り契約（以下「本契約」という）を締結する。

第1条（定義） 本契約で用いる用語の定義は、次の通りとする。
- 一　「スマートフォン」とは、インターネット利用に主眼をおいた通話可能な携帯情報端末をいい、OSとしてapple製iOS又はGoogle製Androidを搭載したものを前提とする。
- 二　「アプリケーション」とは、スマートフォンにインストールすることにより動作するソフトウェアをいう。
- 三　「本件制作業務」とは、本契約により甲から乙に対してなされる本件アプリの制作を目的とした委託契約に係る業務をいい、工程ごとそれぞれの成果物に対する請負形態で行われるものである。
- 四　「本件運営業務」とは、本契約により甲から乙に対してなされる本件アプリの運営及び保守を目的とした委託契約に係る業務をいい、準委任形態で行われるものである。
- 五　「本件アプリ仕様書」とは、甲の要求を実現するべく、本件アプリを制作する上で必要となる本件アプリの目的、機能、制限事項、技術的実現方法及び運用上の制約事項などの事項が記述された書類であり、乙によって作成されるものをいう。
- 六　「本プログラム」とは、本件アプリのうちプログラム部分をいう。
- 七　「中間成果」とは、本件アプリの制作過程で生成されるすべてのものをいう。
- 八　「第三者ソフト」とは、第三者が権利を有するソフトウェアで

44

あって、本件アプリの制作に利用するため有償でライセンスを受けるものをいう。

九　「フリーソフト」とは、公開されたソフトウェアのうち本件アプリの制作に利用するため無償で入手するソフトウェアをいう。

十　「本件アプリ試用版」とは、本件アプリ制作の本格的な着手に先駆けて、製品としての見極めを行うため基礎的なプログラムを組み込んだ程度の状態をいう。なお、背景、エフェクト及びモーションなどは仮のものであっても、本件アプリ試用版としての機能は満たしているものとする。

十一　「本件アプリα版」とは、本プログラム部分において、アプリの仕様がすべて組み込まれている程度に完成された状態のものをいう。

十二　「本件アプリβ版」とは、本件アプリα版に加え、データのすべて組み込まれている程度に完成された状態のものをいう。

十三　「本件アプリMaster版」とは、本件アプリβ版において発見された不具合などをすべて修正し、本件アプリ仕様書に沿った本件アプリの最終成果物をいう。

十四　「サーバ」とは、ネットワーク上において、コンピュータからの要求を受け、一括処理をしてファイルやデータ等を提供するコンピュータをいう。

十五　「本件プラットフォーム」とは、本件アプリを登録するスマートフォンアプリ用のプラットフォームであるAndroid向けのGoogle Play又はiOS向けのApp Store（日本国内、利用可能端末はスマートフォンに限る）をいう。

十六　「本件プラットフォーム手数料」とは本件プラットフォームの利用料として本件プラットフォームの管理会社が乙に請求する費用（円単位）をいう。

十七　「アイテム課金」とは、本件アプリ利用者が操作を有利にするために入手するアイテムのうち、購入代金を支払うものをいう。

第2条（目的）甲は、本契約に定めるところにより、本件アプリの制作及び運用・保守を委託し、乙はこれを受託する。

2　乙は、本件アプリの制作及び利用に関する一切の最終決定権は甲に

第1章　契約書作成の基本ルールとIT契約書式　**45**

あることを了承し、本件制作業務にあたって甲と協議の上、遂行するものとする。

第3条（委託内容の詳細） 本件アプリに関して甲が乙に委託する業務内容及び成果物の詳細は別紙に記載する。

2　乙は、業務の全部又は一部を第三者に再委託しようとする場合、事前に甲の書面による承諾を得なければならない。

3　前項の場合、乙は、再委託先の行為について、本件アプリ仕様書から逸脱しないよう指導又は調整しなければならない。

第4条（契約期間） 乙は、本契約による本件制作業務の完了後、本件運営業務の委託を開始する。本件運営業務の委託期間は、本件運営業務の開始日から1年間とする。

2　前項に定めた期間満了の3か月前までに、契約を更新しない旨の意思表示を書面によって当事者のいずれからもなされない場合、本契約は同一条件でさらに1年間自動的に延長されるものとし、その後も同様とする。

第5条（本件制作業務の対価） 甲は、乙に対する本件制作業務の委託によって発生する対価を、本条の通り支払うものとする。

2　本件アプリ制作費用は次の各号に掲げる通りとする。

　　一　本件制作業務対価：¥21,600,000 -（うち消費税等：¥1,600,000 -）

　　二　追加制作費用：甲及び乙が別途協議の上、書面により定めるものとする。

　　三　支払方法：別紙に定める乙が指定する銀行口座に振込送金する方法により支払う。なお、振込手数料は甲の負担とする。

　　四　本件制作業務対価の支払時期及び支払金額は別紙に記載する。

3　本件制作業務に関して発生する費用のうち、甲又は乙のいずれが負担すべきか定かでない費用の負担については、甲及び乙が別途協議の上、両者の合意により決定する。

第6条（本件運用業務の対価） 甲は、本件運営業務の委託によって発生する対価を乙に対して次項の通り支払うものとする。

2　本件運営業務の費用は次の各号に掲げる通りとする。

　　一　本運用費用：¥1,296,000 -（月額払い、うち消費税等：¥96,000 -）

二　合意費用：サーバ費及び本件プラットフォーム手数料。なお、本件プラットフォーム手数料はアイテム課金総額の30％相当額を当該費用（消費税を含まない）とみなすことに合意し、合意費用は甲の負担とする。

三　支払方法：甲は、毎月25日締めで、乙より発行される本件運営業務の費用（本運用費用に合意費用を加えたものとする）の請求書を受けて、同請求書に該当する月の本件運営業務の費用を翌月末日までに振り込み、支払う。なお、当該対価の振込先は前条第2項と同様とし、振込手数料は甲の負担とする。

3　本件運営業務に関して発生する費用のうち、甲又は乙のいずれが負担すべきか定かでない費用の負担については、甲及び乙が別途協議の上、書面により定めるものとする。

第7条（甲の協力義務）甲は、本件制作業務及び本件運営業務の実施にあたっては、次の事項に留意し乙に協力するものとする。

一　甲の本件制作業務及び本件運営業務に関する窓口及び協力者となる担当責任者1名の決定

二　本件制作業務及び本件運営業務の遂行上必要な情報並びに画稿等の素材、技術資料、業務資料、制作設備、機器、ソフトウェア、各種資料その他自己管理物の無償貸与及び手配

三　乙が甲の共同作業者を必要とする場合は、その提供及び手配についての協力

第8条（監修）乙は、本件制作業務の遂行に際して、甲の監修を受け、その承認を得る。

2　前項の定めに関わらず、合理的な事由に基づき、甲が必要と認めた場合には、乙は、甲に対し、中間成果及び完成した本件アプリを提出し、甲の監修を受け、その承認を得る。

3　前項の場合において、甲は、合理的な事由があれば、本件アプリの修正を求めることができる。

第9条（仕様書の変更）本件アプリ仕様書の確定後、甲が本件アプリ仕様書の内容を変更しようとする場合は、事前に乙に対しその旨を記載した書面をもって申入れ、乙と協議しなければならない。この変更が

第1章　契約書作成の基本ルールとIT契約書式　　**47**

本件制作業務遂行に重大な支障をきたす等の理由で、甲乙間の協議が調わない場合、乙は本契約を解除し、解除時までに要した費用の償還を甲に求めることができるものとする。

2 乙は、前項による本件アプリ仕様書の変更が、第5条に定める対価及び別紙に定める納入期日に影響を及ぼす場合は、当該変更内容について、事前に甲乙間で協議の上、別途、変更に関する覚書を締結しなければならない。

第10条（成果物の納入）乙は、本契約に従い、別紙記載の納入期日までに、甲所定の場所に本件制作業務におけるそれぞれの成果物を納入する。甲は乙に対し、納入を受けた旨の通知を書面又は電子メールによって行う。

2 乙は、別紙記載の本件制作業務における納入期日までにそれぞれの成果物を納入できないと判断した場合は、甲にその理由及び遅延日数等を明記して、納入期限の延期を願い出るものとする。

3 前項の延期の申出があった場合、甲は相当と認める日数の延期を認めるものとする。

第11条（検収）甲は、前条による納入後、別紙に記載する検収期間内に、本件制作業務のそれぞれの成果物が本件アプリ仕様書等に適合するか検査を行い、合格と判断した場合は、その承認を書面により乙に通知する。なお、当該検収期間内に甲から乙に対して検査結果の通知がない場合、当該検査は合格したものとみなされる。

2 前項の検査の結果、不合格とされた場合、乙は、乙の負担において速やかに修補を行い、完成品を甲に納入するものとする。再検査の方法については、本条各項の定めに従うものとする。

3 本条第1項により甲の承認がされたとき、それぞれの成果物に対する甲の検収が終了する。この場合、それぞれの成果物の引渡しは完了したものとし、各々の成果物が記録された記録媒体及び付随資料が記録された記録媒体の所有権は、乙から甲に移転する。なお、成果物が本件アプリ仕様書の場合、甲の承認をもって本件アプリの仕様は確定される。

第12条（危険負担）それぞれの成果物の滅失、毀損等の危険負担は、

前条による検収完了前については乙が、検収完了後については甲が、それぞれこれを負担するものとする。

第13条（契約不適合責任）最終成果物の検収完了日から1年以内に、最終成果物に契約内容上の不適合（以下「契約不適合」という）が発見された場合、乙は無償で修補を行うものする。ただし、契約不適合の程度が軽微で修補に過分の費用を要する場合、又は乙が本件アプリの運用を行っている場合は、甲乙協議の上で対応を決定する。

第14条（保証）甲及び乙は、本件制作業務及び本件運営業務の遂行に関して、第三者の知的財産権その他の権利を侵害しないこと、及び法令又は公序良俗に違反していないことを保証する。

2　甲は、前項に関して、第三者の知的財産権その他の権利を侵害しないために必要な許諾及び手続き等を行っている場合は、あらかじめその内容を書面によって乙に伝えなければならない。

3　乙は、本契約によって本件制作業務及び本件運営業務を遂行する上で、各コンテンツ（キャラクターを含む）の名誉、信用、評価、イメージ等を損なわないこと、及び各コンテンツの著作者の著作者人格権を害さないことを保証する。

4　本件制作業務及び本件運営業務の遂行に関して、第三者の知的財産権その他の権利を侵害し、又は法令若しくは公序良俗に違反することを理由として、第三者から異議、主張、請求等（以下「異議等」という）が生じた場合には、これに関して甲乙いずれかのうち、責めに帰すべき事由のある者の費用と責任において異議等を解決し、他方に対して一切の迷惑及び損害を与えないものとする。

第15条（知的財産権）本件制作業務によるそれぞれの成果物に関する著作権（著作権法27条及び28条に定める権利を含む）は、第5条の対価が支払われた日をもって、乙から甲へ移転する。

2　前項の規定には、乙が従前から有していた知的財産権（著作権などの知的財産権を含む）、又は第三者の知的財産権に関しては含まれない。ただし、甲に帰属しないこれらの知的財産権について、乙は甲に対し、本件制作業務及び本件運営業務に必要な範囲で、適切に利用できることを保証しなければならないものとする。

3 乙は、納入物について、自ら又は第三者をして、甲及び甲の指定する者に対して、著作者人格権を一切行使しないことを保証する。

4 前条第2項に関して必要な場合、乙は、本件アプリ等のすべての利用範囲において、甲が別途指定する著作権表示及び商標表示をするものとする。

第16条 （第三者ソフトの利用）制作業務を遂行するにあたり、第三者ソフト（フリーソフトを含む）の利用が必要となる場合、甲及び乙は、その取扱いについて協議し、必要な場合、甲又は乙と当該第三者との間でライセンス契約の締結等、必要な措置を講ずるものとする。なお、フリーソフトを利用する場合、甲及び乙は、次の各号に従うものとする。

一 利用を予定するフリーソフトについて、本件制作業務への利用について制限がないか、保証はどうか等、事前に、甲乙間において使用許諾条件を確認するものとする。

二 乙は、甲の協力を得て、事前に、フリーソフトの機能、性能等の調査を行い、当該調査結果について甲の確認を得るものとする。

三 甲は、前二号の確認内容に基づき、甲において当該フリーソフトを本件制作業務へ利用するかどうかの決定を行うものとする。

2 前項による第三者ソフトに起因する不具合又は権利侵害については、当該第三者ソフトの利用に関する契約に基づき処理するものとし、乙は一切の責任を負わないものとする。

第17条 （個人情報の利用及び管理）乙は、本件制作業務及び本件運営業務の遂行上、利用者の個人情報を取り扱う場合、それぞれ自己の責任において、個人情報の保護に関する法律（平成15年5月30日法律第57号）、その他の法令に従い適切に利用及び管理する。

第18条 （秘密保持）甲及び乙は、本契約及び本件制作業務及び本件運営業務の遂行に関して知り得たすべての秘密情報を、相手方の書面又は電子メールによる承諾なくして、第三者に開示又は漏えいしてはならない。ただし、法令の定めに基づいて、官公署等から開示の要求があった場合は、開示することができる。

2 前項の秘密情報には、次の各号に掲げる情報を含まない。

一 秘密保持義務を負うことなくすでに保有している情報

二　秘密保持義務を負うことなく第三者から正当に入手した情報

三　相手方から提供を受けた情報によらず、独自で保有していた情報

四　事前に公知となっている情報

3　本件制作にあたって乙が再委託をする場合、乙は、本条の秘密保持義務を再委託先に対しても遵守させなければならない。

4　本条の規定は、本契約終了後又は期間満了後も有効に存続する。

第19条（譲渡禁止）甲及び乙は、事前に相手方の書面による同意を得た場合を除き、本契約に基づいて発生する一切の権利を第三者に譲渡し、又は担保の目的にしてはならない。

第20条（賠償責任）甲及び乙は、本契約に基づく債務を履行しないことが原因で、相手方に現実に損害を与えた場合には、本契約の解除の有無に関わらず、本件運営業務に対する委託料額の１年分を限度として損害賠償責任を負う。なお、本条の解除には、相手方の責めに帰すことができない事由による一方的な解除を含むものとする。

第21条（免責）乙は、次の各号につき、一切の責任を負わないものとすることに甲は合意する。

一　乙の予見を問わず、乙の責めに帰すことができない事由により生じた損害に対する責任、間接的、二次的、付随的及び懲罰的な損害賠償責任並びに利益又は売上の損失に対しての責任

二　成果物の公開による、第三者からの訴えの提起、閲覧者からのクレーム、売上確保

三　プラットフォーム、その他の乙による管理が及ばない理由による本件アプリの不具合

第22条（委託業務の一時停止又は中止）乙は、次のいずれかに該当する場合には、甲と事前に協議の上、（ただし、緊急やむを得ない場合はこの限りではないものとする）本件アプリの提供及び運用の一時停止又は中止の申入れをすることができる。

一　本件アプリ又は本件アプリの配信システムに不具合が発見された場合

二　本件アプリに関して第三者からの異議等が生じた場合

三　本件アプリの配信システムの通常かつ正常な稼動の維持を達成す

第1章　契約書作成の基本ルールとIT契約書式　**51**

る上で必要な保守、点検又は工事等を行う場合

　四　第三者の電気通信設備の障害その他乙の責めに帰すべからざる事
　　由により本件アプリの提供ができない場合

2　乙が前項の申入れを承諾した場合、残存成果の権利帰属及び権利移
　転の対価については、甲乙協議の上、決定する。

第23条（不可抗力）甲及び乙は、天災地変、戦争、内乱、暴動、スト
　ライキ、労働争議、社会的大変動、法令の改廃及びその他の本契約に
　重大な影響を与えると認められる事由など、双方いずれの責めにも帰
　することができない不可抗力によることが明らかであるときは、本契
　約の不履行とはせず、その責任を負わないものとする。

第24条（契約の解除及び期限の利益の喪失）甲及び乙は、相手方が次
　の各号のいずれかに該当した場合には、予告なく本契約の全部又は一
　部を解除することができる。

　一　当事者の一方が相手方に対する料金支払債務、その他一切の債務
　　について弁済を怠ったとき

　二　差押、仮差押、仮処分、公売処分、租税滞納処分及びその他公権
　　力の処分を受けたとき、民事再生手続きの開始、会社更生手続きの
　　開始、破産手続きの開始若しくは競売を申し立てられたとき、又は
　　自ら民事再生手続きの開始、会社更生手続きの開始若しくは破産手
　　続きの開始の申立てを行ったとき

　三　監督官庁により営業停止、又は営業免許若しくは営業登録の取消
　　処分等、行政処分を受けたとき

　四　資本減少、営業廃止、営業変更又は解散の決議をしたとき

　五　自ら振り出し、又は引き受けた手形又は小切手について、不渡り
　　となった場合、又は不渡り処分を受けた場合等、支払停止状態に
　　至ったとき

　六　本契約の条項に違反し、一方が相当な期間を定めて催告したにも
　　関わらず、なおその期間内に是正しないとき

　七　その他、財産状況が悪化し、又はそのおそれがあると認められる
　　相当の事由があるとき

　八　刑法上の犯罪行為、民事上の不法行為、その他法令・公序良俗に

反する行為が認められたとき

九　当事者の一方が信用を著しく毀損する行為又は背信的と認められる行為を行ったとき

2　前項各号の場合に該当した者は、相手方に対し負っている債務について期限の利益を失い、直ちに債務の全部を一括して弁済しなければならない。

第25条（契約終了時の措置）本契約が期間満了、解除その他の事由により終了する場合、甲及び乙は、本件アプリに関して利用者に対して不利益とならないよう、両者協議の上、合意により次の事項を定め、当該利用者に対する適切な対応を行うものとする。

一　本件アプリの配信を停止する日（以下「配信停止日」という）。

二　本件アプリの課金サービスを停止する日（以下「課金停止日」という）。なお、課金停止日は、配信停止日の少なくとも30日以上前で、かつ本件アプリの内容に照らし適当と認められる日でなければならない。

三　利用者に対して、本件アプリの配信及び課金サービスの停止に関する告知をする日（以下「告知日」という）。なお、告知日は配信停止日の少なくとも90日以上前の日を原則とする。

2　配信停止日が本契約の終了日よりも後となる場合は、当該配信停止日まで本契約は有効に存続するものとする。

3　甲及び乙は、配信停止日まで、本契約の定めに従い善良なる管理者の注意義務をもって、本件運営業務を遂行するものとする。

4　本契約が期間満了、解除その他の事由により終了した場合、甲及び乙は、本契約に関する相手方の資料等を、相手方の指示に従い、速やかに相手方に返却し、又は廃棄若しくは消去するものとする。

5　配信停止日以降の、本件運営業務は甲が行うものとする。

第26条（準拠法、合意管轄）本契約の準拠法については日本法が適用されるものとする。

2　甲及び乙は、本契約に関して万一紛争が生じた場合は、○○裁判所を第一審の専属的合意管轄裁判所とすることに合意する。

第27条（協議）本契約に定めのない事項又は本契約の条項の解釈に疑義

が生じた事項については、甲乙協議の上、円満解決を図るものとする。

　以上、本契約成立の証として、本契約書を2通作成し、甲乙署名又は記名押印の上、各々1通を保有する。

　平成○○年○月○日

（甲）○○県○○市○○町○丁目○番○号

株式会社○○○○

代表取締役　　○○○○　㊞

（乙）○○県○○市○○町○丁目○番○号

株式会社○○○○

代表取締役　　○○○○　㊞

（別紙）

■本件制作業務における成果物

成果物 (納入媒体：DVD-R等)	納入期日 (検収期日は、納入された翌日から起算して21日以内)	支払時期 (乙の責めにより納品時期が遅れた場合、検査に合格した本成果物の納品後60日以内とする)	支払金額 (消費税を含まない)
本件アプリ仕様書等 ・遷移図・機能設計 ・課金アイテム表 ・原画・ポートフォリオ	0000年0月00日	0000年0月00日	￥2,000,000 -
試用版	0000年0月00日	0000年0月00日	￥4,500,000 -
α 版	0000年0月00日	0000年0月00日	￥4,500,000 -
β 版	0000年0月00日	0000年0月00日	￥4,500,000 -
Master版	0000年0月00日	0000年0月00日	￥4,500,000 -

※それぞれの成果物は、制作サーバ上で動作確認可能な状態とする。
※成果物には、本件プログラムのソースコードを含む。

■成果物対応機種の詳細

iPhone	iPhone 5s以降の機種	iOS 10以降
iPod Touch	iPod touch 第6世代	iOS 10以降
iPad	iPad Air以降の機種	iOS 10以降
iPad Pro	全ての機種	iOS 10以降
iPad mini	iPad mini 2以降の機種	iOS 10以降
Android	Galaxy	Android 5.0以降
	Xperia XZ	Android 5.0以降
	AQUOS	Android 5.0以降
	ARROWS NX	Android 5.0以降

■本件運営業務の内容と成果物の詳細

	業務内容詳細	成果物
1．運営業務	甲が指定するプラットフォーム上において、甲の指定する運営方針に従い本件アプリを運営及び管理する業務。	なし
2．問い合わせサポート業務	甲及びプラットフォームによるガイドラインに従った、利用者からの問い合わせ対応業務。	問い合わせサポート報告書※電子メール又は書面による。
3．品質管理業務	本件アプリの収益向上を目指した企画立案業務及び実施業務。	なし。※追加制作が必要な場合、「追加制作提案書」提出。
4．コンテンツ追加制作業務	新規アイテム、新規キャラクター及びイベント等を随時追加制作する業務。※月当たりの制作数は、甲乙間の協議で決定。	新規コンテンツ報告書※電子メール又は書面による。
5．保守業務	本件アプリに生じた不具合の修補を行う業務。	
6．その他	上記に付随する一切の業務。	

■乙指定の金融機関口座

○○○○銀行　○○○○支店

普通預金口座　番号○○○○

口　座　名　義　カブシキガイシャ○○○○○○○○

第1章　契約書作成の基本ルールとIT契約書式　**55**

Point

1 どんな契約なのか

スマートフォンにダウンロードして使用するアプリケーションの制作と、その後の運用管理・保守まで受託した場合に利用できる書式です。本書式例では、近年話題性の高いキャラクターをメインとしたアイテム課金型パズルゲームを制作した場合を例としています。

収入印紙については、本書式例は印紙税法の第2号文書に該当し、業務対価が税抜2000万円（第5条第2項）であることを明示しているので、2万円分の収入印紙を貼付します。アプリケーションの制作とその後の運用管理・保守のいずれか一方の業務委託に利用する場合は、委託する業務と関係しない本書式例の条項を削除して利用します。

スマートフォンに関する契約は、特に通常のソフトウェアよりも厳格な成果物の考え方（段階的な成果物の設定）が重要です。さらに、コンテンツの権利処理や監修に関する規定を厳格に定める必要があります。

なお、スマートフォンのアプリケーション制作においては、必ず対応機種を限定して契約することが必要です（別紙、前ページ）。

2 スマートフォンに関する契約固有の問題

スマートフォンという特性上、特に注意を要する規定を取り上げます。

① 成果物の取扱い

第1条の定義条項にあるように、「α版、β版、Master版」というような成果物の段階分けをしています。Webサイト等以上に発注者の意図と受注者の考えが定まりにくいアプリケーションの特性を踏まえての対策で、それぞれの成果物完成ごとに対価も支払われるようにすることが重要です（別紙、54ページ）。また、仕様変更時の追加料金（第9条第2項）を規定することが望ましいでしょう。

なお、運用業務（運用管理・保守の業務）においては、制作業務と違いアプリケーションのような成果物ではなく、「報告書」や「提案書」といったものが成果物として考えられます。

ただし、本書式例のようなゲームに関するアプリケーションの場合、運用業務に関連して新規アイテムや新規キャラクター、新規イベントなどを随時追加制作することが義務となりやすく、これらの実績を報告す

る目的でも報告書が用いられます。

② 費用の分担

特に運用業務も行う場合ですが、サーバ費、プラットフォーム利用料などの負担をどちらが行うかは明確にしておきます（第6条第2項第2号）。費用は、問い合わせ対応などを行う場合の費用も考えられます（本書式では未設定）。

③ 運用業務について

運用内容（別紙欄）、運用対価の詳細（第6条）をはじめ、運用業務遂行中の対策（第22条）、運用業務契約終了後の手続き（第25条）などは必ず記載します。本書式例を参考にそれぞれの事情に合わせた内容を詳細に定めるようにしましょう。また、第21条のように、受注者（受託者）側としては、アプリケーションを運用することによる収益又は損失が発生しないことに対する責任、利用者からのクレーム対応などは免責されることを明示しておくことが望ましいといえます。

④ 秘密保持と個人情報保護

特にキャラクターを用いたソフトウェア開発では、運用業務開始までの秘密保持性が非常に高いため、第18条のような秘密保持義務を厳格に捉える必要があります。また、アプリケーションの運用業務は利用者の個人情報の適正な取り扱いが必要です。これらの情報は運用業務の成果物である「問い合わせサポート報告書」や、その他の報告書にマーケティングデータとして取り扱う場合が考えられます。

⑤ 運用業務停止後の措置について

Webサイトの運営と違い、スマートフォンのアプリケーションでは、運用業務を停止した場合の利用者に対するダメージは非常に大きなものとなります。そこで、できる限りトラブルを避けるためにも「配信停止日」についての考え方（第25条第1項各号）や、配信停止までの責任ある運用義務（第25条第3項）などを詳細に定めておく必要があります。また、第25条第5項は、配信停止を行った場合にアプリケーションの権利者（第15条により発注者側に移転されています）自身が運用業務を継続することを確認する規定です。

書式 4 アウトソーシング契約書（情報システムの運用サービス業務の委託）

アウトソーシング・サービス契約書

　○○株式会社（以下「甲」という）と株式会社○○（以下「乙」という）は、甲が乙に委託する運用サービス業務に関して、以下の通り契約（以下「本契約」という）する。

第1条（**目的**）甲は乙に対し、甲の基幹となるコンピュータシステム（以下「情報システム」という）の運用サービス業務を委託し、乙はこれを承諾する。

2　甲は乙に対し、運用サービス業務の対価として委託料を支払う。

3　甲及び乙は、運用サービス業務の遂行のために甲乙双方の共同作業・分担作業が必要とされることを認識し、それを誠実に実行に移し、誠意をもって相互に協力する。

第2条（**定義**）本契約で使用する用語について、次の通り定義する。

① 「運用サービス業務」とは、コンピュータ資源を利用して、乙が情報システムを運用・管理し、甲に対して、あらかじめ定めた情報処理サービスを提供することをいう。

② 「コンピュータ資源」とは、情報システムのインフラストラクチャーを構成するコンピュータその他のハードウェア、ソフトウェア、データベース、通信回線、什器、備品、センター設備等を総称する。

第3条（**業務の範囲**）運用サービス業務は、本契約及び運用マニュアルに基づく、情報処理サービス提供、コンピュータ資源の管理、及び情報システム利用者のサポートを含む業務とする。

第4条（**業務遂行責任者**）甲及び乙は、本契約締結後、速やかに、運用サービス業務を円滑に推進するため、それぞれ業務遂行責任者1名を選任し、相互に書面により相手方に通知する。なお、業務遂行責任者の変更を行ったときも同様とする。

2　甲及び乙は、相手方との連絡、確認等、及び相手方に対する依頼、

要請、指示等は、原則として業務遂行責任者を通じて行うものとする。

第5条（協議機関）甲及び乙は、運用サービス業務の進捗状況の報告、問題点の協議・解決、その他運用サービス業務推進に必要な事項を協議するため、協議機関を設け、定期的にこれを開催する。

2　甲及び乙は、協議機関で合意・決定した事項については、これに従わなければならない。

3　甲及び乙は、運用サービス業務遂行にあたり、障害・トラブル・問題が発生したことを知ったときは、直ちに自らの業務遂行責任者を窓口として相手方の業務遂行責任者に連絡し、問題解決のために、必要であれば速やかに協議機関において協議を行い、これに対処する。

第6条（対価）甲は、運用サービス業務の対価として、別紙記載の運用サービス委託料を乙に支払う。

2　経済情勢の著しい変動によって運用サービス委託料が不相当となり、変更の必要が生じた場合、又は運用サービス業務の範囲及び運用マニュアルで定められた範囲の変更があった場合、本契約期間中であっても甲乙双方協議の上、運用サービス委託料を変更することができる。

第7条（データの取扱い）乙は、甲のデータを取り扱うときは、運用マニュアルに基づき、使用、処理及び保管を行い、本契約の目的以外に一切使用してはならない。

第8条（追加サービス）甲が、第3条に定める運用サービス業務の範囲及び運用マニュアルで定められた範囲を超えて、新たなサービス（以下「追加サービス」という）を受けることを希望する場合、甲は乙に対し、希望する日の〇日前までにその旨を書面で申し入れる。

2　乙は、前項の申入れを受けたときは、可能な範囲内で追加サービスの提供に応じるものとし、追加サービスの対価、条件その他については、甲と協議の上、決定する。

第9条（業務の一時停止）乙は、コンピュータ資源及び通信回線等の保守、その他工事等により、運用サービス業務を一時的に停止しなければならないときは、事前にその旨を甲に通知することにより、運用サービスを一時停止することができる。ただし、緊急やむを得ない場合は、乙は、事後の速やかな報告によって、事前の通知に代えることができる。

第1章　契約書作成の基本ルールとIT契約書式

第10条（再委託）乙は、運用サービス業務の全部又は一部を第三者に再委託するときは、甲の事前の書面による承諾を得なければならない。

2　乙は、前項に基づき第三者に運用サービス業務を再委託した場合、当該第三者に本契約の定めを遵守させなければならない。

3　乙は、第1項の第三者が本契約に違反した場合であっても、本契約に定める義務を免れることはできない。

第11条（譲渡禁止）甲及び乙は、相手方の事前の書面による承諾を得た場合を除き、本契約に基づく権利義務の全部又は一部を譲渡し、又は担保に供してはならない。

第12条（知的財産権）運用サービス業務遂行の過程において行われた発明、創作等によって生じた特許権、著作権その他の知的財産権（著作権法27条及び28条の権利並びにノウハウを含む）は、乙から甲に対して譲渡される。この場合、乙は、当該譲渡のための登録その他手続について、甲に協力しなければならない。

第13条（秘密保持）甲及び乙は、本契約に基づき取得した相手方の営業上又は技術上の秘密については、次の各号に該当するものを除き、本契約期間中及びその終了後も、相手方の事前の書面による承諾なく第三者に開示、漏えいしてはならない。

① 自らの責めによらずに公知となった情報

② 権限ある第三者から取得した情報

③ 相手方から開示される前から合法的に保有している情報

④ 独自に開発した情報

⑤ 裁判所又は権限ある行政機関から提出を命じられた情報

⑥ 法令等の定めるところにより開示された情報

第14条（解約）甲及び乙は、第16条で規定する契約期間の満了前に本契約を解約しようとする場合、その3か月前までに相手方に対して、書面により解約の申入れをしなければならない。

第15条（契約解除）甲又は乙は、相手方が次の各号のいずれかに該当した場合は、何らの催告を要せず、直ちに本契約を解除することができる。

① 本契約に違反した場合に、相当の期間を定めて是正を勧告したにも関わらず、当該期間内に是正を行わないとき

② 営業停止、営業取消等の行政処分を受けたとき

③ 税の納付に関し滞納処分を受けたとき

④ 差押、仮差押、仮処分等を受けたとき

⑤ 手形又は小切手につき不渡り処分を受けたとき

⑥ 破産、民事再生又は会社更生の手続開始の申立を行ったとき、又はこれらの申立が第三者からなされたとき

⑦ 会社の組織について、解散、合併、会社分割、又は事業の全部若しくは重要な一部の譲渡を決議したとき

2 前項に基づいて本契約が解除された場合、帰責事由のある当事者は、相手方に対して、本契約の解除により相手方が被った損害を賠償しなければならない。

第16条（契約期間）本契約の期間は、平成○○年○月○日から平成○○年○月○日までとする。ただし、期間満了の3か月前までに甲乙双方から別段の意思表示なきときは、同一の条件によって自動的に1年間更新するものとし、以後も同様とする。

第17条（契約終了後の措置）乙は、本契約が終了した場合、甲から貸与・提供を受けた資料等を遅滞なく甲に返還しなければならない。

2 甲は、本契約が終了した場合、乙から提供を受けたコンピュータ資源の使用を直ちに終了しなければならない。

3 乙は、本契約が終了した場合、甲又は甲の指名する者に対し、乙が本契約に基づき運用・管理していた運用サービス業務を円滑に移管することに協力する。

第18条（裁判管轄）甲及び乙は、本契約に関する一切の紛争に関しては、東京地方裁判所又は東京簡易裁判所を第一審の専属的管轄裁判所とすることに合意する。

第19条（双方協議）本契約に定めのない事項又は本契約の条項に解釈上の疑義が生じた事項については、甲乙双方協議の上、解決する。

本契約の成立を証するため、本書2通を作成し、甲乙記名押印の上、各1通を保有する。

平成〇〇年〇月〇日

（甲）東京都〇〇区××〇丁目〇番〇号
〇〇株式会社
代表取締役　〇〇〇〇　㊞
（乙）東京都〇〇区××〇丁目〇番〇号
株式会社〇〇
代表取締役　〇〇〇〇　㊞

Ｐｏｉｎｔ

1　どんな契約なのか

　ある企業で行っている業務の一部を、専門性の高い別の企業に担ってもらうことをアウトソーシングといいます。この際の契約には、派遣契約、出向契約、請負契約、委任契約などがあります。

　本書式は、サンプルとして情報システムの運用サービス業務を委任する場合のアウトソーシング契約の書式例を掲載しています。

　アウトソーシング契約は口約束でも成立しますが、口頭での約束では業務の範囲や方法、納品期限などについて、双方で認識の相違が生じて、後にトラブルに発展することも予想されるため、契約書を作成し、条件について両者の認識を共有しておく必要があります。

2　どのようなことを規定するのか

　契約を結ぶ際に、その契約書に記載する内容として挙げられるのは、①業務の内容と範囲、②納品物がある場合には成果物の納品方法、③契約期間、④報酬と支払時期、支払方法、⑤契約解除の理由などです。

　秘密保持や守秘義務については、同業他社とも契約する可能性があることなども考慮し、「契約期間終了後も守秘義務は継続して課せられる」という内容を盛り込むかどうかを検討する必要があります。また、受注先の企業に対して、必要に応じて報告する義務などを課す条項を契約書に盛り込んでおきましょう。なお、損害賠償の条項を設ける際には条項は具体的に示しておくことが求められます。

書式 5　インターネット広告代理店契約書

インターネット広告代理店契約

　広告主○○○（以下「甲」という）と広告会社である株式会社×××（以下「乙」という）は、乙が販売・提供する商品・サービスに関して、インターネット広告宣伝取引における基本となる契約（以下「本契約」という）を以下の通り締結する。

第1条（目的）　本契約は、甲乙間の広告宣伝取引に関し、甲及び乙が信義誠実に履行し、公正な取引関係を維持することを目的とする。

第2条（定義）　本契約における広告宣伝取引とは、甲が乙に対して次の各号に定める業務の提供を依頼し、その対価を支払うことをいう。

- 一　宣伝広告方法の企画立案
- 二　広告の企画・制作
- 三　広告出稿の管理
- 四　インターネット上におけるイベント及びキャンペーンの企画・実施運営
- 五　広告効果の測定
- 六　データの収集・分析
- 七　コンサルティング等のマーケティング業務
- 八　前各号に付帯関連する一切の業務

2　本契約における宣伝広告方法とは、次の各号に定めるものをいう。

- 一　バナー広告
- 二　メール広告
- 三　タイアップ広告
- 四　リスティング広告（検索連動型広告）
- 五　アフィリエイト広告（成果報酬型広告）
- 六　SEO（検索エンジン最適化）
- 七　LPO（ランディングページ最適化）
- 八　将来新しく開発される宣伝広告方法を含む、甲乙間で合意された

第1章　契約書作成の基本ルールとIT契約書式　63

宣伝広告方法

第3条（本契約と個別契約との関係） 本契約は、本契約の有効期間中、甲乙間で締結される個別の契約（以下「個別契約」という）に特約のない限り、甲乙間のすべての個別契約に適用されるものとする。

第4条（個別契約の成立） 個別契約は、発注年月日、業務の件名、業務の内容、単価、代金額、納期、納入場所などを記載した個別契約書を締結するか、又は甲から乙に同様の記載のある注文書を交付し、当該注文書に対する乙の注文請書を甲が受領したときに成立する。

2　前項の注文書の交付及び注文請書の発行は、電子メール等によって代替することができる。

第5条（対価の決定） 個別契約の履行に伴う対価は、第4条に基づいて定める代金額に基づき、甲乙協議の上、決定されるものとする。

2　個別契約に定める業務に変更があったときは、甲乙協議の上、適切な代金額を定めるものとする。

第6条（請求と支払方法） 乙は、毎月末日をもって当該1か月間の代金を締め切り、翌月○日までに甲に請求する。

2　甲は、請求月の翌月○日までに、請求額を乙の指定する銀行口座へ振り込み、支払う。なお、振込手数料は甲が負担するものとする。

第7条（著作権等） 乙又は乙に対して使用を認めた権利者が制作したコンテンツ（文章、写真、データ、音声、音楽、イラストレーション、動画などを指すが、それらに限らない。以下単に「コンテンツ」という）に関する著作権（著作権法27条及び28条に規定する権利を含む）その他の権利は、乙又は乙に対して使用を認めた権利者に帰属するものとする。

2　甲が乙に提供したコンテンツに関する著作権その他の権利は、甲に帰属するものとする。

第8条（契約解除） 甲又は乙は、相手方が次の各号のいずれかに該当した場合は、何らの催告を要せず、直ちに本契約を解除することができる。

一　本契約の条項に違反したとき

二　本契約に違反すると思われる場合に、相当の期間を定めて是正を勧告したにも関わらず、当該期間内に是正を行わないとき

三　営業停止又は営業取消など、行政処分を受けたとき

　四　税の納付に関し、滞納処分を受けたとき

　五　差押、仮差押、仮処分等を受けたとき

　六　手形又は小切手につき不渡り処分を受けたとき

　七　破産、民事再生又は会社更生の手続開始の申立を行ったとき、又はこれらの申立が第三者からなされたとき

　八　会社の組織について、解散、合併、会社分割、又は事業の全部若しくは重要な一部の譲渡を決議したとき

2　前項に基づいて本契約が解除されたときは、帰責事由の存する当事者は、相手方に対する一切の債務について、当然に期限の利益を失い、直ちに相手方に弁済しなければならない。

3　本条第1項に基づいて本契約が解除されたときは、帰責事由の存する当事者は、相手方に対して、本契約の解除により相手方が被った損害を賠償するものとする。

第9条（反社会的勢力の排除）甲及び乙は、相手方が次の各号のいずれかに該当した場合は、何らの催告を要せず、直ちに本契約及び個別契約の全部を解除できる。

　一　暴力団、暴力団員、暴力団関係者、その他反社会的勢力（以下「暴力団等」という）であるとき

　二　代表者、責任者、又は実質的な経営権を有する者が暴力団等であるとき、又は暴力団等への資金提供を行う等密接な交際のあるとき

　三　自ら又は第三者を利用して、相手方に対して、自らが暴力団等である旨を伝え、又は関係者が暴力団等である旨を伝えたとき

　四　自ら又は第三者を利用して、相手方に対して、詐術、暴力的行為又は脅迫的言辞を用いたとき

　五　自ら又は第三者を利用して、相手方の名誉・信用等を毀損し、又は毀損するおそれのある行為をしたとき

　六　自ら又は第三者を利用して、相手方の業務を妨害し、又は妨害するおそれのある行為をしたとき

2　甲及び乙は、前項の規定により本契約及び個別契約を解除した場合は、相手方に損害が生じても、これを一切賠償しないものとする。

第1章　契約書作成の基本ルールとIT契約書式　**65**

第10条（再委託）乙は、本契約又は個別契約に基づく業務の全部又は一部を第三者に再委託することができるものとする。

2　前項の場合、乙は、当該再委託先に対して、本契約と同等の義務を負わせなければならない。また、その場合であっても、乙は本契約及び個別契約で負う責任を免れることはできない。

第11条（秘密保持）甲及び乙は、互いに、本契約に基づき知得した相手方の営業上又は技術上の秘密については、次の各号に該当するものを除き、本契約期間中及びその終了後も、相手方の書面による許諾なく、第三者に開示又は漏えいしてはならない。

一　自らの責めによらずに公知となった情報

二　権限ある第三者から知得した情報

三　相手方から開示される前から合法的に所有している情報

四　独自に開発した情報

五　権限ある裁判所又は行政機関から提出を命じられた情報

六　法律、条例等の定めるところにより開示された情報

第12条（権利の譲渡等）甲及び乙は、相手方から書面による承諾を得ることなく、本契約及び個別契約上の地位を第三者に承継させ、又は本契約及び個別契約から生じる権利義務の全部若しくは一部を第三者に譲渡し、若しくは担保に供してはならない。

第13条（免責）乙は、次の各号につき、一切の責任を負わないものとすることに甲は合意する。

一　乙の予見を問わず、乙の責めに帰すことができない事由により生じた損害に対する責任、間接的、二次的、付随的及び懲罰的な損害賠償責任並びに利益又は売上の損失に対しての責任

二　広告宣伝に関してなされる第三者から訴えの提起及びクレーム

三　サーバメンテナンス等により、一時的に広告が閲覧できない状態になること

第14条（非保証）乙は、広告出稿後に、甲に売上が発生すること又は甲に問い合わせが入ることについては、保証しない。

第15条（損害賠償）甲又は乙が、本契約又は個別契約の条項に違反し、相手方に損害を与えたときには、違反した当事者は、損害を被った相

手方に対して、その損害を賠償するものとする。

第16条（不可抗力）甲及び乙は、本契約及び個別契約の不履行の原因が、次の各号のいずれかに該当する不可抗力による場合、その不可抗力の継続する期間に限り、相手方に対し、その不履行の責任を免れるものとする。

一　天災地変

二　戦争及び内乱

三　暴動

四　伝染病の蔓延

五　法令及び条例の制定・改変

六　公権力による命令・処分・指導

七　火災及び爆発

八　ストライキ・ロックアウト等の争議行為

九　通信回線等の事故

十　その他甲及び乙の責めに帰することが不可能であり、かつ甲及び乙が支配することが不可能な事態

第17条（合意管轄）甲及び乙は、本契約及び個別契約より生じる紛争の一切につき、甲の本店所在地を管轄する地方裁判所を第一審の専属的合意管轄裁判所とする。

第18条（双方協議）本契約に定めなき事項又は本契約の条項に解釈上の疑義が生じた事項については、甲乙協議の上、解決するものとする。

本契約の成立を証するため、本書２通を作成し、甲乙署名又は記名押印の上、各１通を保有することとする。

平成○○年○月○日

広告主　（甲）○○県○○市○○町○丁目○番○号
　　　　　　　○○○
　　　　　　　代表取締役　○○○○　㊞

広告会社（乙）○○県○○市○○町○丁目○番○号
　　　　　　　株式会社×××
　　　　　　　代表取締役　○○○○　㊞

Point

1 どんな契約なのか

ネット通販ショップなどがインターネット上で広告宣伝を行おうとする際に、広告会社を代理店として締結する継続的な取引基本契約です。

広告宣伝については、リスティング広告やバナー広告、メルマガ広告など、費用対効果をよく検証した上で、効果的と思われる方法を採用します。また、特定商取引法は、誇大広告等を禁止しています。違反した事業者は、業務停止命令などの行政処分や罰則の対象になります。誇大広告等にあたる行為は、著しく事実と異なる表示をすること、または実際よりも著しく優良若しくは有利であると誤認される表示をすることです。広告宣伝は自社で行うこともできますが、ショップなどがある程度の規模になったときには、広告会社を活用して、その情報収集能力・情報分析能力・交渉力・ノウハウなどを利用した方が効率的でしょう。

2 著作権等（第7条）

コンテンツの著作権の帰属について明確にしておくことは重要です。本書式の第7条は、原則として広告会社に帰属するとし、広告会社に有利な内容となっています。逆に、以下のように、原則として著作権を広告主に帰属させて、広告主有利の規定とすることも考えられます。

> 1 甲の委託により乙が制作したコンテンツに関する著作権（著作権法27条及び28条に規定する権利を含む）その他の権利は、甲に移転するものとする。
>
> 2 前項に関わらず、以前より乙又は乙に対して使用を認めた権利者が著作権をもつ著作物に関する著作権は、乙に留保されるものとする。

3 暴力団排除（第9条）

「暴力団排除条例」は、平成23年10月から全都道府県で施行されています。第9条の内容は、努力義務（法律に定めたことを行うように努力する義務のこと）や禁止事項となっているので、すべての契約に定めるべきとはいえませんが、取引基本契約には盛り込むべきでしょう。

書式 6　ITコンサルタント業務委託契約書

ITコンサルタント業務委託契約書

　株式会社○○○○（以下「甲」という）と、○○○○（以下「乙」という）は、ＩＴコンサルタント業務の委託に関し、以下の通り契約（以下「本契約」という）を締結する。

第1条（定義） 本契約上で使用される用語の定義は、次の通りとする。
① 「IT」とは、コンピュータ及びネットワークに関する技術を総称して用いる。
② 「ベンダー」とは、コンピュータシステムやネットワークシステムなどの開発、提供及び設置などを行う企業をいう。
③ 「RFP」とは、ITシステム導入にあたり、ベンダーに具体的な設計案などを掲示する文書をいう。
④ 「電子メール」とは、ネットワークを通じて行うメッセージ通信をいい、承諾その他一切の通知は、当該通知が相手方に到達した時点で効力が生ずるものとする。
⑤ 「サーバ」とは、ネットワーク上において、コンピュータからの要求を受け、一括処理をしてファイルやデータ等を提供するコンピュータをいう。
⑥ 「アクセス」とは、ネットワークを使ってデータの読み出しや書き込みを行うことをいう。

第2条（目的及び委託の内容） 甲は、業務の競争優位並びに事務及び管理業務の効率化を実現するために、次の業務（以下「本件業務」という）を乙に委託し、乙はこれを受諾する。
2　乙が、甲に提供する業務は準委任契約とし、詳細は次の通りとする。
① 事業戦略実現並びに事務及び管理業務の効率化に必要なITシステム体制の提案及び構築。
② 競争優位性を築くためのIT戦略の立案。

第1章　契約書作成の基本ルールとIT契約書式　**69**

③ 前各号を結びつけるための業務プロセスの策定。

④ ITシステム導入に際し、必要となった場合のRFP作成。

⑤ その他のIT活用プランニングの立案。

3　乙は、前項各号の業務を実施するため、毎週1回（1回につき3時間以上）、甲の指定する場所にて、討議及び現場調査を行うものとする。なお、具体的な日程は甲乙間で協議の上、決定する。

4　乙は、本件業務による効果に対する責任は一切行わず、甲はこれを承諾する。

5　乙は、毎月25日までに、甲に対して、本件業務に関する前月分の実施内容及び結果について、レポートを電子メールに添付して提出しなければならない。ただし、次条に定める甲の作業の遅延又は誤り等があった場合は、この限りでない。

6　乙は、甲に対して、本契約期間の半期ごとに業務工程表を作成し、電子メールに添付して提出しなければならない。ただし、甲が当該業務工程表の提出を必要としない旨を乙に通知した場合は、この限りでない。

第3条（甲の協力義務） 甲は、本件業務の実施にあたっては、次の事項に留意し、乙に協力するものとする。

① 甲の本件業務に関する窓口及び協力者となる担当責任者1名の決定

② 本件業務遂行上必要な情報及び社内資料の提供並びに各書類の記載及び手配

③ 乙が甲の共同作業者を必要とする場合は、その提供及び手配についての協力

④ その他、本件業務遂行上必要な場所、機器、ソフトウェア及び素材等の提供又は貸与

⑤ 本件業務遂行上必要となるベンダー等との速やかな契約締結

第4条（委託料） 甲が、乙に対して支払う本件業務委託料は月額80,000円（消費税を含まない）とする。

2　前項の委託料は、乙が当月分の報酬を翌月10日までに甲に請求し、甲は、請求対象月の翌月末日までに、乙の指定する金融機関口座に甲の手数料負担のもと、振り込むものとする。なお、甲は支払に際し別途源泉徴収税を控除するものとする。

・乙指定の金融機関口座

　　○○○○銀行　　○○○○支店

　　普通預金口座　　番号○○○○

　　口座名義　　○○○○○○○○

第5条（契約期間） 本契約の期間は、本契約成立の日から1年間とする。ただし、期間満了の1か月前までに、甲又は乙から、何らの意思表示がない場合には、さらに1年間、同一条件にて契約期間を延長したものとみなし、以後も同様とする。

第6条（費用の取扱い） 乙は、甲に対して、本件業務の遂行に要する費用（調査費、資料作成費（乙によるRFP作成費を含む）、乙の交通費、出張費及び宿泊費を含む）を、乙が事前に書面又は電子メールによって甲に通知し、甲が承諾したものに限り、別途請求することができる。

第7条（再委託の禁止） 乙は、本件業務の全部又は一部を第三者に委託してはならない。

第8条（資料又は機器の保管・管理） 乙は、本契約期間中に限り、本件業務に必要なID及びパスワードを保有し、サーバ及びアクセス解析画面等にアクセスすることができる。

2　乙は、本件業務に関して甲より提供された一切の資料及び情報並びに貸与された機器を、善良なる管理者の注意義務をもって保管及び管理し、甲の事前の書面又は電子メールによる承諾を得ないで複製又は第三者へ交付し、その他本件業務以外の目的に使用してはならない。

3　乙は、甲から提供された資料、情報及び機器等が不要となった場合、本契約が解除された場合、又は甲からの要請があった場合、当該資料、情報及び機器等を速やかに処分（貸与された機器等については甲に返却）するものとする。

第9条（提供情報の取扱い） 甲は、乙が本件業務を遂行する過程で甲に対して行った提案、指導及び助言等の情報について、自己の責任と負担においてのみ利用することができる。

2　甲は、前項の情報を第三者に利用させないものとする。ただし、乙による事前の書面による承諾がある場合はこの限りではない。

第10条（秘密保持） 甲及び乙は、本契約の履行に関連して知り得た相

第1章　契約書作成の基本ルールとIT契約書式　　**71**

手方に関するすべての秘密情報を、相手方の書面又は電子メールによる承諾なくして、第三者に開示又は漏えいしてはならない。ただし、法令の定めに基づいて、官公署等から開示の要求があった場合は、開示することができる。

2　前項の秘密情報には、次の各号に掲げる情報を含まない。

① 秘密保持義務を負うことなくすでに保有している情報

② 秘密保持義務を負うことなく第三者から正当に入手した情報

③ 相手方から提供を受けた情報によらず、独自で保有していた情報

④ 事前に公知となっている情報

3　本条の規定は、本契約終了後又は期間満了後も有効に存続する。

第11条（譲渡禁止）甲及び乙は、事前に相手方の書面による同意を得た場合を除き、本契約に基づいて発生する一切の権利を第三者に譲渡し、又は担保に供してはならない。

第12条（賠償責任）甲及び乙は、本契約に基づく債務を履行しないことが原因で、相手方に現実に損害を与えた場合には、本契約の解除の有無に関わらず、本件業務に対する委託料額の1年分を限度として損害賠償責任を負う。本項の解除には、相手方の責めに帰すことができない事由による一方的な解除を含むものとする。

第13条（免責）乙は、次の各号につき、一切の責任を負わないことに甲は合意する。

① 乙の予見を問わず、乙の帰責事由によらずして甲及び第三者に生じた結果的損害、付随的損害、間接損害等に対する責任（利益及び売上の損失に対する責任並びに懲罰的損害賠償責任を含む）

② 乙が本件業務を遂行する過程で甲に対して行った提案、指導及び助言等の情報に関してなされる第三者から訴えの提起、閲覧者からのクレーム

第14条（不可抗力）甲及び乙は、天災地変、戦争、内乱、暴動、ストライキ、労働争議、社会的大変動、法令の改廃及びその他本契約に重大な影響を与えると認められる事由など、双方いずれの責めにも帰することができない不可抗力によることが明らかであるときは、本契約の不履行とはせず、その責任を負わないものとする。

第15条（契約の解除及び期限の利益の喪失）甲及び乙は、相手方が次の各号のいずれかに該当した場合には、予告なく本契約の全部又は一部を解除することができる。

① 当事者の一方が相手方に対する料金支払債務、その他一切の債務につき弁済を怠ったとき

② 差押、仮差押、仮処分、公売処分、租税滞納処分及びその他公権力の処分を受けたとき、民事再生手続の開始、会社更生手続の開始、破産手続の開始若しくは競売を申し立てられたとき、又は自ら民事再生手続、会社更生手続の開始若しくは破産手続の開始の申立てを行ったとき

③ 営業停止又は営業免許若しくは営業登録の取消等の処分を受けたとき

④ 資本の減少、営業の廃止若しくは変更又は解散の決議をしたとき

⑤ 自ら振り出し、又は引き受けた手形又は小切手について不渡り処分を受ける等、支払停止状態に至ったとき

⑥ 本契約の条項に違反し、一方が相当な期間を定めて催告したにも関わらず、なおその期間内に是正しないとき

⑦ その他、財産状況が悪化し、又はそのおそれがあると認められる相当の事由があるとき

⑧ 刑法上の犯罪行為、その他法令・公序良俗に反する行為が認められたとき

⑨ 当事者の一方が信用を著しく毀損する行為又は背信的と認められる行為を行ったとき

2 前項各号のいずれかに該当した者は、相手方に対し負っている債務について期限の利益を失い、直ちに債務の全部を一括して弁済しなければならない。

第16条（準拠法、合意管轄）本契約の準拠法については日本法が適用されるものとする。

2 甲及び乙は、本契約に関して万一紛争が生じた場合は、○○裁判所を第一審の専属的合意管轄裁判所とすることに合意する。

第17条（協議）本契約に定めのない事項又は本契約の条項の解釈に疑義

第1章 契約書作成の基本ルールとIT契約書式　　73

が生じた事項については、甲乙協議の上、円満解決を図るものとする。

　以上、本契約成立の証として、本契約書を2通作成し、甲乙記名押印の上、各々1通を保有する。

　平成○○年○月○日

　　　　　　　　（甲）東京都○○区○○町○丁目○番○号
　　　　　　　　　　　株式会社○○○○
　　　　　　　　　　　代表取締役　　○○○○　㊞
　　　　　　　　（乙）東京都○○区○○町○丁目○番○号
　　　　　　　　　　　　　　　　　　○○○○　㊞

Ｐｏｉｎｔ

　コンサルタント業務委託契約は、企業経営に関するさまざまな企画、改善アドバイスなどのコンサルティングを委託する際に結ばれます。

　本書式例では、社内のITシステム見直しや、ITを活用した経営戦略に関わるコンサルティングを実施する場合を例として作成しています。また、個人がコンサルティングを受託することを想定しているため、第4条第2項では源泉徴収について規定しています。法人が受託する場合には、源泉徴収に関する規定は必要ありません。

　コンサルタント契約では、相手の能力を信頼して業務委託するため、再委託の禁止規定が設けられています（第7条）。特に本書式例のようなITシステムに関わるコンサルティングの場合、受託者がベンダーと交渉・調整することが多くなるため、場合によってはRFP（設計案・提案書）などを作成することがあります。そこで、第2条第2項第4号のような業務内容の規定、第6条のような費用の例示も必要です。

　なお、第15条第1項第2号にある「公売処分」とは、国や地方自治体が行う処分のひとつで、税金の滞納者の財産を差し押さえて、強制的に売却し、その売却代金の中から滞納金を徴収することをいいます。

第2章

電子商取引をめぐる法律と利用規約の作成法

電子商取引について知っておこう

事業者は消費者が申込内容を確認できる措置をとる

● 電子商取引とは何か

　商取引とは、具体的には、物を売る人またはサービスを提供する人と物を買う人またはサービスの提供を受ける人との間で、物の売買やサービスの提供についての契約を締結することです。消費者と業者の間で締結される契約は、知識などの点で対等とはいえないため、消費者契約法や特定商取引法といった法律が適用されます。また、業者間で締結される契約については、適正な取引を確保するために、不正競争防止法や独占禁止法といった法律による規制があります。

　商取引の中でもインターネットをはじめとした、電子的なネットワークを介して行われる商取引を電子商取引といいます。

　インターネット上で取引を行う場合には、ホームページなどの画面にあるフォームの送信機能を利用したり、電子メールを利用して行います。ホームページや電子メールなどのインターネットは、人との交流や情報交換に役立つだけでなく、ショッピングや投資などの商取引にも使われているのです。

　電子商取引には、通常の対面式の売買と違って、相手の顔が見えないという特色があります。通常、人が取引を行う場合には、相手の様子や企業の雰囲気などを実際に目で見て判断しますが、電子商取引ではそれができません。さらに、契約を行ったとして、その契約がいつ成立したものであるか、わかりにくいという問題もあります。また、電子商取引の場合には、契約が成立していることを示すものは紙ではなく、電子データです。電子データは、性質上、改ざんされたりコピーされやすいため、非常に不安定で、契約の証拠には向かない性質

のものです。さらに、電子メールなどを利用して情報の送受信を行うことから、実際に個人情報が漏れたケースが多数見られます。

そのため、電子消費者契約及び電子承諾通知に関する民法の特例に関する法律（電子契約法）や電子署名・認証制度（公開鍵暗号方式という数学的な暗号技術を使用し、この暗号鍵の持ち主を電子証明書により証明するしくみ）により、電子商取引の安全が図られています。

● 電子契約はどの段階で成立しているのか

消費者と事業者の間で電磁的方法によってコンピュータを通じて結ばれる契約であって、事業者が画面に手続きなどを表示し、消費者がそれを読んで、コンピュータを用いて申込や承諾の意思表示をするもの（インターネットショッピング）を例に考えてみましょう。

インターネット上での取引では、事業者側は、商品の情報をホームページなどに掲載します。これを申込の誘引といいます。消費者がこの申込の誘引に応じて、商品を注文することを申込といいます。消費者の申込の意思表示を受け、応じることを承諾といいます。通常契約は、売主と買主という契約の当事者の間で、申込と承諾というお互いの意思が合致してはじめて成立するのが原則です。平成29年改正民法（2020年4月に施行が決定）では、当事者同士が遠く離れた場所にいるか否かに関係なく、承諾の通知が相手に到達することで契約が成立すると規定しています（到達主義）。

インターネット上の取引は、かつての民法の規定によれば、お互いに離れた場所での取引ですから、承諾の通知が発信された段階で、契約が成立するはずです。ただ、インターネット上の取引では、通常の遠隔地の契約と異なり、承諾の意思表示はすぐに相手に到達します。

電子契約法は、改正民法成立前からインターネット上の取引の場合には、承諾の通知が相手方に到達したときに契約が成立すると定めていました。具体的には、ネットショップで商品を購入する場合、顧客

第2章　電子商取引をめぐる法律と利用規約の作成法　77

は、連絡先のメールアドレスを店側に伝え、注文を受けた店は、指定されたアドレス宛に承諾の通知を送ることになります。そして指定アドレス宛に承諾のメールを送信する場合、メールの情報がメールサーバに記録された時点で到達したと扱われます。サーバに情報が記録されればよく、顧客が実際にメールを読む必要はありません。サーバに記録された後に、システム障害などによってデータが消滅しても到達の有無に影響はありません。一方、サーバが故障して、承諾メールの情報が記録されていない場合は、到達なしと扱われます。

なお、メールサーバに情報が記録されても到達なしと扱われるケースもあります。たとえば、メールが文字化けしている場合や、特殊なアプリケーションソフトで作成されていて読めない場合などです。

● 操作ミスをしても救済される

電子契約法では、消費者の操作ミスの救済が図られています。契約の原則（民法の原則）によると、重大な不注意で勘違いをして意思表示をしたときは、錯誤による契約の取消を主張できません。操作ミスは重大な不注意とされる可能性があります。そのため、電子契約法では、この原則に対して例外を定めています。

具体的には、事業者側には、消費者が申込を確定させるより前に、自分が申し込む内容を確認できるようにする義務が課せられています。

内容が確認できるようになっていない場合で消費者がコンピュータの操作を誤った場合には、契約の申込の意思表示を取り消すことができるわけです。反対に、消費者が申込の意思表示をする画面で、申込内容を確認できるように事業者側が作っていた場合には、消費者側で申込の意思表示の取消を主張することはできません。

また、申込内容の表示を見て、訂正しようとした場合に訂正ができるようにしてある場合にも、取消の主張はできません。

● 特定商取引法が適用される場合とされない場合

　特定商取引法は、販売業者または役務提供事業者を規制の対象としています。個人であっても、本格的にインターネット上で物品を売っているような場合は、営利目的で反復継続して取引を行っていると判断されることもあり、特定商取引法の規制を受ける場合もあります。また、デジタルコンテンツ（デジタル形式の映像作品、書籍、音楽といったもの）のネット取引の場合も法の規制対象となります。

　一方、販売業者または役務提供事業者以外の一般の人同士の取引（ネットオークションやインターネット上のフリーマーケットなど）の場合は、特定商取引法による規制の対象外となります。また、インターネット上の取引のために、ホームページを開設して「取引の場」を提供している事業者は、取引の当事者ではなく、他人間売買の媒介をしているにすぎないため、特定商取引法の規制対象外です。ただし、媒介をするのではなく販売を委託されている場合には、この事業者は規制の対象となります。また、通販事業で権利の販売を行う場合は、一定の指定権利（スポーツ会員権や映画観賞券）を対象とするものでなければ、特定商取引法の規制対象にはなりません。

■ 電子契約法上の電子契約の成立時期

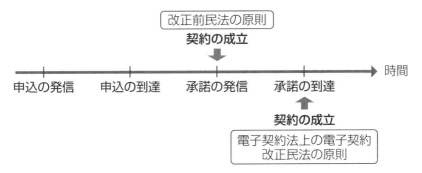

ネット取引の契約はどのような流れで行われるのか

顧客から注文を受けても店が承諾しなければ契約は成立しない

● 商品情報を掲載する行為は何にあたるのか

　契約は、申込と承諾の意思表示が一致することで成立します。ネットショップの取引については、具体的にどの作業・段階が申込または承諾にあたるのか、しっかり理解することが重要です。

　ネットショップの取引は、次の①から③の流れになっています。
① 　商品情報をサイト上に掲載します。
② 　サイトを見た顧客（消費者）は、欲しい商品をショッピングカートに入れ、必要事項を入力し、ネットショップに送信します。
③ 　②を受信したら、ネットショップは、サイト上の表示、またはメール送信などの方法で、顧客に取引を行うことを通知します。

　この流れのうち、②が申込の意思表示、③が承諾の意思表示になるので、③が顧客に到達した時点で契約が成立します。

　なお、①の商品情報の掲載は、申込を促す行為（申込の誘引）にすぎず、申込の意思表示ではありません。ただ顧客から見れば、申込の意思表示と申込の誘引を区別することは難しいといえます。この区別の難しさがトラブルの原因になる可能性もあります。どの作業・段階が申込・承諾の意思表示にあたるのか、注文手続のページや規約などでしっかり記載するようにしましょう。

● どのタイミングで承諾の表示をするか

　売買契約が成立すれば、顧客は商品の代金を支払う義務を負うのに対して、ネットショップは商品を引き渡す義務を負います。

　ネットショップの商品説明の中には、「在庫の状況によっては商品

をご用意できないことがあります」と書かれている場合があります。しかし、一度契約が成立してしまうと、たとえ在庫切れであっても、どこかから商品を調達してきて、顧客に引き渡す義務を負います。したがって、承諾の意思表示をする際は、商品を確実に引き渡せるだけの在庫があるか確認することが重要になります。

在庫を確認して、問題がなければ注文を承諾する旨のメールを送信します。一方、在庫がない場合には、在庫切れで注文に応じられない旨のメールを送信することになります。なお、承諾するか否かは、ネットショップの自由です。承諾前に注文を断っても、法律上責任を追及されることは原則としてありません。

また、常に在庫がある商品であれば、申込を受けた後、すぐに承諾の意思表示をします。注文を承諾する旨のメールを自動送信するようにしておけば手間もかかりません。

ここで、承諾の意思表示との関係で問題になるのが、「注文受領・確認の通知」です。この通知は、店が注文を確かに受け取ったと顧客に伝えるためのもので、承諾の意思表示とは異なります。しかし、通知の文言が曖昧だと、顧客が承諾の意思表示と誤解するおそれがあります。したがって注文受領・確認の通知は、顧客の目から見て、承諾の意思表示ではないとはっきりとわかるような内容にします。

● 商品が遅れて到着した場合はどうする

商品が引渡期限よりも遅れて到着（延着）したことで、顧客に損害が発生した場合、店はその損害を賠償しなければなりません。

一方、民法の規定では、商品が延着した場合、顧客は返品（契約解除）できないのが基本的立場です。しかし、営業上の観点からは、顧客が希望する場合には、店は直ちに返品に応じるのが妥当です。なお、運送会社の落ち度（過失）によって商品が延着した場合にも、店の落ち度として扱われます。

第2章　電子商取引をめぐる法律と利用規約の作成法　　**81**

● 長期不在の場合などはどうする

　長期の不在や受け取り拒否などの理由で、代金を支払った顧客に商品を引き渡せない場合はどのように対応すればよいのでしょうか。

　民法や商法の規定では、顧客が代金を支払っている場合は、契約上の義務を顧客が果たしているので、店は契約を解除できません。一方、店は、契約が存続する限りは、顧客が受け取るまで商品を保管する義務を負います。ただし、顧客が合理的な理由なく商品を受け取らない場合は、商品の保管にかかった費用を顧客に請求できます。さらに、保管中に、商品（生鮮食料品など）が劣化してしまうなどの損害が発生した場合も、店は顧客に損害賠償を請求できます。

　商品を引き渡せないことで生じる不都合を避けるには、規約を有効活用することです。具体的には、「長期不在や受け取り拒否があった場合は、店から契約を解除できる」と規約に定めておくと安心です。なお、顧客が代金を支払っていない場合には、店は、契約を解除して、運送会社や郵便局が保管している商品を直ちに引き上げるようにします。

● 配送途中に商品がなくなったり壊れた場合

　運送中に商品が紛失した場合や壊れた場合に、顧客に対して契約上の責任を負うのは店（ネットショップ）である点に注意してください。

　不特定物（種類・品質・数量に着目して取引する物）である商品が、配送途中に壊れた場合や紛失した場合、店は引渡期限に間に合うように商品を再送します。引渡期限よりも遅れる場合は、損害賠償などによって対応します。一方、特定物である商品が壊れた場合や紛失した場合には、返品（契約解除）や損害賠償で対応します。

　運送業者が意図的に商品の紛失や破損をした場合や、落ち度があった場合は、店が運送業者に損害賠償を請求できます。ただし、請求できる損害賠償金の範囲は、運送業者と店との間の契約によって制限されることがあります。

● 契約が取り消されたり解除される場合もある

　有効に契約が成立したときは、両当事者が誠実に契約内容を遂行しなければなりません。契約内容を遂行しないなど、契約内容に対する違反があることを債務不履行といいます。当事者の一方が債務不履行の状態にある場合、相手方は、契約関係を解消する（解除といいます）ことができると共に、債務不履行によって損害が発生していれば損害賠償請求もできます。

　解除に他に、契約関係が解消される主なケースとして、取消、無効、クーリング・オフがあります。無効とは、無効原因（公序良俗違反など）があるため、契約がはじめから効力をもたない場合です。取消とは、取消原因（錯誤、詐欺など）がある場合に、契約は一応有効とされるものの、取り消されるとはじめに遡って効力が否定される場合です。取消ができる行為は、取り消されるまでは有効な状態ですから、自分に有利であれば取り消さないこともできます。

　一方、クーリング・オフとは、消費者が、法律が定める特別な場合に行使することができる解除または申込みの撤回のことです。たとえば、特定商取引法は、訪問販売については、法定の契約書面を受け取った日から8日目までクーリング・オフを認めています。ただし、通信販売にはクーリング・オフ制度を認めておらず、クーリング・オフとは別の返品制度を定めています（92ページ）。

■ 無効と取消の違い ……………………………………………

	効　　果	主　張	追　認
無効	はじめから当然に効力を生じない	いつでも誰でも	できない
取消	はじめに遡って効力を否定する	制限あり	できる

※「追認」とは有効でない法律行為について、その行為を確定的に有効とする意思表示をいいます。

第2章　電子商取引をめぐる法律と利用規約の作成法　　83

消費者契約法に違反しないようにする

不当な条項を定めても無効となってしまう

● 消費者と事業者間の契約に関わるのが消費者契約法

　契約に関わる知識量や判断力などの点で不利な立場にある消費者を保護する法律として、消費者契約法があります。消費者契約法が対象としているのは、消費者と事業者の間で結ばれる契約（消費者契約）に限られます。消費者と事業者が結ぶ対面契約、インターネット上の契約に消費者契約法が適用されます。

　消費者契約法は、一定の場合に、知識や情報などの点で弱い立場にある消費者に取消権を与えています。また、契約条項が無効となるケースについても規定しています。

　たとえば、契約の重要な内容について、売主である事業者が買主である消費者に対して本当のことをあえて伝えなかった場合、消費者は契約を取り消すことができます。また、将来起きることが確実ではない事柄について、あたかも確実であるかのように伝えた場合も同様です。

　このような事業者の態度によって消費者が契約の内容を間違えて認識した結果、契約を結んでしまった場合には、消費者はこれを理由として契約を取り消すことができるのです。

● 事業者を不当に免責する契約は無効とされる

　ネット取引を行うときには、消費者（顧客）に約款（規約）を閲覧させ、内容に同意してもらうのが通常ですが、以下のような内容の契約を定めないように注意しなければなりません。

① 　債務不履行責任を免除する特約

　事業者（店）としては、後から問題が発覚した際、消費者に対して

責任を負うことを避けたいため、契約であらかじめ「損害賠償責任を免除する条項」を置くことがあります。たとえば「この契約の履行において消費者に何らかの損害が生じたとしても、事業者は一切損害賠償責任を負わない」「事業者の過失の有無を問わず、損害賠償責任は負わないものとする」といった内容の条項がこれにあたります。

　しかし、消費者と事業者との契約の際に、事業者の債務不履行に基づく損害賠償責任の全部を免除する条項を置いたとしても、そのような条項は消費者契約法により無効になります。

②　債務不履行責任の一部を免除する特約

　事業者の損害賠償責任を一部免除する条項を消費者と事業者の間で定めることは原則として可能です。ただし、事業者に故意（どのような結果を招くかについて理解していること）または重過失（不注意の程度が著しいこと）がある場合にまで、責任の一部免除を認めている場合には、その条項を無効とします。たとえば、「事業者の故意または重過失による場合を除き、損害賠償責任の限度は30万円とする」という条項を置くことは認められています。

③　不法行為責任の全部を免除する契約

　消費者契約法は、事業者による債務の履行の際に、当該事業者の不

■ **債務不履行責任の一部免除規定の例** ……………………………

> 第○条　事業者が民法415条の規定に基づいて損害賠償の責任を負担する場合、20万円を負担額の上限とする。ただし、<u>当該事業者、その代表者又はその使用する者に故意又は重過失がある場合には生じた損害の全部について賠償する責任を負う。</u>

事業者の側に故意または重過失がある場合には一部免除は認められない

第2章　電子商取引をめぐる法律と利用規約の作成法　**85**

法行為により消費者に生じた損害について、責任の全部を免除する条項を置いたとしても、その条項は無効になると規定しています。

つまり、たとえ契約書の中に「いかなる事由においても当社は一切損害賠償責任を負いません」などの特約があったとしても、事業者が不法行為をしたのであれば、損害賠償責任を免れることはできないということになります。

④　不法行為責任の一部を免除する特約

消費者と事業者の間では、不法行為による損害賠償責任の全部ではなく、その一部を免除する約束をすることがあります。たとえば、契約であらかじめ「事業者の不法行為責任により生じた損害を賠償する場合、30万円を上限とする」という特約を定める場合です。

不法行為による損害賠償責任の一部を免除する条項は、事業者に故意または重過失がある場合にまで不法行為責任の一部免除を認める内容であれば、その条項が無効になります。損害賠償責任の全部を免除する条項と異なり、事業者に故意または重過失がない場合に不法行為によって生じた損害の一部を免除する旨の条項は有効です。

したがって、債務不履行責任の場合と同じく「事業者の故意または重過失による不法行為を除き、損害賠償責任の限度は30万円とする」

■ 不法行為責任の一部免除規定の例 ……………………………

第○条　事業者が民法第3編第5章の規定により不法行為に基づく損害賠償の責任を負担する場合、30万円を負担額の上限とする。ただし、当該事業者、その代表者又はその使用する者に故意又は重過失がある場合には生じた損害の全部について賠償する責任を負う。

事業者の側に故意または重過失がある場合には一部免除は認められない

などのように、故意または重過失の場合に不法行為責任を負うことを明確にしていれば、一部免除の条項が有効となります。

⑤　契約不適合責任の免責特約

　契約不適合責任とは、契約目的物の種類・品質・数量・権利が契約の趣旨に適合しないときに、履行追完請求権（欠陥のない目的物との交換、欠陥の修理・補修など）、代金減額請求権、損害賠償請求権、契約解除権を行使するものです。平成29年改正民法で廃止された瑕疵担保責任の代わりに、売主などの責任として導入されました。

　契約不適合責任は債務不履行責任のひとつと位置付けられているため、免責特約の有効性も、原則として前述した①②の特約（84〜85ページ）と同様に考えます。つまり、①全部免除条項、②故意または重過失がある場合の一部免除条項が原則無効となります。

　ただし、目的物の種類・品質に契約不適合がある場合の損害賠償責任の全部または一部を免除する条項については、当該免責条項が無効とならない場合を認めています。具体的には、消費者契約が有償契約であって、ⓐ事業者が消費者に対して履行追完責任もしくは代金減額責任を負うとする場合、またはⓑ他の事業者が消費者に対して損害賠償責任もしくは履行追完責任を負うとする場合には、当該免責条項は無効とはなりません。

■ 無効な違約金条項の例 ……………………………………………

第○条　甲の都合により予約の取消又は予約内容の大幅な変更をする場合、その時期を問わず、利用料の90％のキャンセル料を支払うこととする。

他の同業者が規定している内容と同等とはいえず、このような違約金条項は無効！

消費者を不当に取り扱う契約は無効になる

その他、事業者が約款や規約で以下の特約を定めても無効です。

・高額の違約金を定める特約

将来的に債務不履行で損害が生じた場合に備え、契約の時点で「キャンセル料」「違約金」などの名目で、あらかじめ損害賠償金を確保することがあります。この措置を損害賠償額の予定といいます。

損害賠償額の予定は、契約で自由にその内容を決定できるのが原則です。しかし、消費者契約の解除に伴う損害賠償額の予定を定めたときは、事業者に生ずべき平均的な損害額を超える損害賠償額の予定をしても、その超える部分が無効となります（前ページ図）。

また、消費者の金銭支払債務の履行が遅れた場合の損害賠償額の予定を定める場合、年14.6％を超える損害賠償額を設定することも認められません。

・消費者の利益を一方的に害する特約

民法や商法などにある任意規定（当事者の合意が優先する規定）と比べて、消費者の権利を制限し、または消費者の義務を加重する消費者契約の条項で、消費者の利益を一方的に害するものは無効となります。たとえば、消費者の契約解除権を剥奪する条項や、消費者の立証責任を加重する条項は、無効とされる可能性が高くなります。

■ 消費者の利益を一方的に害して無効とされる条項の例 ………

第○条　本契約の履行について民法415条で定める債務不履行責任が問題となった場合、甲が一切の立証の負担を負うものとする。

帰責事由がないことは本来事業者が証明しなければならないのに、不当に甲（消費者のこと）の立証責任を加重しているので無効！

特定商取引法に基づく表示について知っておこう

サイト利用者とのトラブル回避のために守るべき表示義務

● 特定商取引法に基づく表示とは

　通信販売の場合、消費者（顧客）は広告を見ることで商品を購入するかどうか判断します。そこで、特定商取引法は、原則として通信販売を行う際の広告について、一定事項の表示を義務付けています。これを必要的記載事項といいます（94ページ図）。必要的記載事項のうち各商品の共通事項（販売業者の名称・住所・電話番号など）は、サイト上に「特定商取引法に基づく表示」（100ページ）として独立したページを作成することが多いようです。一方、商品ごとに異なる事項（販売価格、送料など）は、各商品を紹介するページに記載します。消費者は、それらの表示を見て取引内容を判断することができます。

　なお、ソフトウエアに関する取引について、ソフトウエアは動作環境が整っていないと使用できません。そのため、通信販売の広告にはソフトウエアの動作環境（使用するのに必要なOS、CPUの種類、メモリの容量、HDDの空き容量など）の記載が必要になるという特徴があります。以下、必要的記載事項について具体的に説明します。

● 販売価格

　商品の価格が曖昧に書かれていて、実際に取引するまで正確な値段がわからないということでは、消費者は不安になります。そこで、商品の販売価格は、消費者が実際に支払うべき実売価格を記載することになっています。希望小売価格、標準価格などを表示していても、実際にその金額で取引されていなければ、「実売価格」を表示したとはいえません。また、消費税の支払いが必要な取引では、消費税込の価

格を記載する必要があります。

　なお、販売価格は各商品のページに記載されていればよく、「特定商取引法に基づく表示」として独立して作成するページには「販売価格の詳細は各商品のページに記載」と説明を加えるだけでかまいません。

● 送料

　購入者が送料を負担する場合は、販売価格とは別に送料を明記する必要があります。送料の表示を忘れると、「送料は販売価格に含まれる」とみなされて、送料を請求できなくなるおそれがあります。送料は、消費者が負担すべき金額を具体的に記載します。したがって、「送料は実費負担」という記載は、具体性を欠くため不適切です。

　全国一律、同じ送料で商品を配送する場合は、「送料は全国一律○○円」と簡単に表示できます。一方、送料の金額が全国一律ではない場合は、商品の重量、サイズを明記し、配送地域ごとに送料の金額を記載するのがよいでしょう。また、商品の重量、サイズ、発送地域を記載した上、配送会社の料金表のページにリンクを張るという方法もあります。さらに、「○○運輸、○○円（東京）から○○円（沖縄）」のように、送料の最高額と最低額を記載する方法もあります。

● その他負担すべき金銭

　「その他負担すべき金銭」は、販売価格と送料以外で、購入者が負担すべきお金のことです。たとえば、「組立費」「梱包料金」「代金引換手数料」などが代表的なものです。

　取引にあたっては「組立費」「梱包料金」などの金額につき、費用項目を明示して、具体的な金額を記載する必要があります。消費者が、どれだけの費用がかかるのかを正確に知り、安心して取引できるようにするためです。したがって、「梱包料金、代金引換手数料は、別途負担」とだけ記載し、具体的な金額を明記していないものは不適切な

表示となります。申込をキャンセルする際に一定条件でキャンセル料が発生する場合も詳細を記載します。

代金の支払時期

　消費者が代金をいつ支払うかは、取引の重要事項なので、具体的に表示する必要があります。代金の支払時期には、前払い、後払い、商品の引渡しと同時（代金引換）などいくつかのパターンがあります。

　たとえば、後払いの場合は、「商品到着後、1週間以内に同封した振込用紙で代金をお支払いください」と記載します。一方、代金引換の場合は、「商品到着時に、運送会社の係員に代金をお支払いください」などと記載します。

商品の引渡し時期

　通信販売は、注文のあった商品が消費者のもとに届くまで、どれくらいの期間がかかるかを明確に表示する必要があります。具体的には、商品の発送時期（または到着時期）を明確に表示します。

　たとえば、前払いの場合は、「代金入金確認後○日以内に発送します」と記載します。一方、代金引換の場合は、「お客様のご指定日に商品を配送します」と記載します。なお、「時間をおかずに」という意味で、「入金確認後、直ちに（速やかに）発送します」と記載することも可能です。ただし、「当社が入金を確認した後に商品を発送します」という表現は、発送時期が不明確なので認められません。

代金（対価）の支払方法

　代金の支払方法が複数ある場合には、その方法をすべて漏らさずに記載する必要があります。たとえば、「代金引換、クレジット決済、銀行振込、現金書留」のように、支払方法をすべて列挙します。

第2章　電子商取引をめぐる法律と利用規約の作成法　　**91**

● 返品の特約に関する事項（返品制度に関する事項）

　返品の特約とは、販売業者が商品の返品（申込みの撤回・解除）に応じるかどうかを定めた特約のことです。返品の特約については、その有無を明確に記載することが必要です。具体的には、どの場合に返品に応じ、どの場合に応じないのかを明記します。返品に応じる場合は、返品にかかる送料などの費用の負担についても明記します。

　たとえば、返品の特約がある場合は、「商品は○日以内に限り返品が可能です。送料は、商品に欠陥がある場合には当社負担、欠陥がない場合には購入者負担とします」と記載します。一方、返品の特約がない場合には、「商品に欠陥がある場合を除き、返品には応じません」と記載します。また、特定商取引に関する法律施行規則により、返品の特約に関する事項は申込画面（最終確認画面）にも表示するよう定められています。

　なお、特定商取引法により、通信販売で返品の特約に関する事項を広告に表示していなければ、商品を受け取った日から8日以内は、欠陥がなくても消費者が送料を負担して返品ができます。

● 事業者の氏名（名称）、住所、電話番号

　個人事業者の場合は、氏名（または登記された商号）、住所、電話番号を記載します。一方、法人の場合は、名称、住所、電話番号、代表者の氏名（または通信販売業務の責任者の氏名）を記載します。「氏名（名称）」は、戸籍上の氏名または商業登記簿に記載された商号を記載します。通称、屋号、サイト名の記載は認められません。「住所」「電話番号」は、事業所の住所・電話番号を記載します。住所は、実際に活動している事業所の住所を、省略せずに正確に記載します。一方、電話番号は、確実に連絡がとれる番号を記載します。電話番号には応対可能な営業時間等を併記することが望ましいでしょう。

　なお、インターネット上のホームページの場合には、画面がどんど

ん変わっていきますが、事業者の氏名（名称）、住所、電話番号については、消費者が見たいと思った時にすぐに探せるような方法で表示しなければなりません。

● 通信販売に関する業務責任者の氏名

通信販売を手がける法人事業部門の責任者（担当役員や担当部長）の氏名を記載します。実務上の責任者であればよいので、会社の代表権を持っている必要はありません。前述した事業者の氏名（名称）、住所、電話番号と同様、責任者の表示についても、消費者が見たいと思ったときにすぐに探せる方法によることが求められています。

● 契約不適合責任についての定め

契約不適合責任は、平成29年の改正民法で導入された制度で、商品が契約の趣旨に適合しない場合に、販売業者が消費者に対して負うものです。契約不適合責任の導入に伴って、瑕疵担保責任に関する規定は削除されました。

契約不適合責任に関する特約がある場合は、その内容を記載する必要があります。ただし、消費者契約法により、販売業者の契約不適合責任を全部免除する条項や、故意または重過失がある場合に一部を免除する条項は、原則として無効となることに注意が必要です（87ページ）。また、契約不適合責任に関する特約の記載がない場合は、民法や商法の規定に基づいて処理されます。

● 必要的記載事項を省略できる場合もある

広告スペースなどの関係で、必要的記載事項をすべて表示することが難しい場合は、以下の要件を満たすことで、一部の表示を省略することができます。

まず、広告上に「消費者からの請求があった場合は、必要的記載事

第2章　電子商取引をめぐる法律と利用規約の作成法　　**93**

項を記載した文書またはメールを送付する」旨を記載することが必要です。あわせて実際に消費者から請求があった場合に、必要的記載事項を記載した文書やメールを遅滞なく送付できる措置を講じていなければなりません。「遅滞なく送付」とは、消費者が購入を検討するのに十分な時間を確保できるよう、なるべく早く送付するという意味です。商品の購入に関して、とくに申込期限がある場合は重要です。

なお、下図の④⑦⑩⑪⑫⑬の必要的記載事項は、これらを取引条件とする場合に表示の省略が認められないため（101ページ図）、これら以外の表示が省略可能であることに注意が必要です。

■ 通信販売の広告に表示すべき主な必要的記載事項 ⋯⋯⋯⋯⋯

①商品、権利の販売価格、役務の対価（販売価格に商品の送料が含まれない場合は、販売価格と商品の送料）

②商品・権利・役務の対価についての支払時期と支払方法

③商品の引渡時期、権利の移転時期、役務の提供時期

④返品制度に関する事項（申込みの撤回又は解除に関する事項）

⑤販売業者・サービス提供事業者の氏名（名称）、住所及び電話番号

⑥ホームページを利用して広告する場合の代表者・責任者の氏名

⑦申込の有効期限がある場合は、その期限

⑧購入者の負担する費用がある場合は、その内容と金額

⑨契約不適合責任についての定めがある場合は、その内容

⑩ソフトウェアに関する取引である場合のソフトウェアの動作環境

⑪商品の販売数量の制限、権利の販売条件、役務の提供条件などの特別な販売条件がある場合は、その内容

⑫広告の表示を一部省略する際の書面（カタログなど）の請求について費用負担がある場合は、その費用

⑬電子メール広告をする場合は、事業者の電子メールアドレス

5 利用規約の作成方法について知っておこう

利用規約はネットショップにおける契約書の代わりとなる

● なぜ利用規約が必要なのか

　ネットショップは、対面販売とは違い顧客と顔をあわせることがなく、商品の状態を手に取り確認してもらったり、詳細な質問を受けることもできません。このことから、顧客が商品に納得して取引することを対面販売以上に慎重に確認する必要があります。

　一つのネットショップで多くの顧客を相手にすることから、取引ごとに契約書を作成することは現実的でないため、契約書の代わりになる取引条件の明示は必要です。多くのネットショップが利用規約を定めて商品を提供する際の条件や約束事を規定するわけです。利用規約を定めれば、一つひとつの取引条件も一律に定めることができるため、平等で標準化された取引を実現することができます。このように利用規約を定めることで、あらかじめ当事者間で、サービス等に関して同意を形成しておくことが大切です。というのも、SNSやマッチングサイトにおいては、安易に利用できる反面、当事者同士のトラブルや、架空のアカウントの存在など、想定している以上の問題が生じることも少なくないため、事前の取り決めが重要といえます。

● どんな条項が必要なのか

　利用規約を定める上で必ず考慮すべき共通事項を取り上げます。

・契約の成立時期に関する条項

　契約の成立時期は、利用規約の最重要項目です。対面取引では、契約当事者の間で、申込と承諾という互いの意思の合致がしやすく、契約の成立時期について認識がズレることはありません。

第2章　電子商取引をめぐる法律と利用規約の作成法

しかし、ネットショップで商品やサービスを購入する場合、注文を受けたショップが、指定されたアドレス宛に承諾の通知を送ることになります。法律上は承諾のメールがメールサーバに記録された時点で契約が成立することが原則とされていますが（到達主義、24ページ）、これを利用規約に定めることで法律に詳しくない申込者との不要なトラブル（認識のズレ）を回避することができます。また、場合により到達主義とは違った契約成立時期を設定することも考えられます。

・諸費用の負担に関する条項

諸費用の代表例は送料です。ネットショップの場合、ほとんどが郵便や宅配便によって商品を配送することになるので、送料が必要となります。送料負担を購入者と事業者（ショップ）のいずれが行うのか、とくに購入者が負担する場合、どのような配送方法を用いるのかなど、しっかりと定めておく必要があります。購入者の居住地域ごとに料金が異なる場合もしっかりと明示しましょう。

部品代、組立料、梱包料、登録料など、その他の諸費用が必要な場合もトラブルが生じないよう詳細を記載しておく必要があります。

・返品・返金・交換に関する条項

返品・返金・交換などの対応は避けられない事項であり、特定商取引法における返品特約の表示義務（92ページ）との関係からも、利用規約で明示すべきといえます。具体的には、①返品・交換の際に送料は購入者と事業者のどちらが負担するのか、②返品・交換の受付期間は商品受取後何日以内か、③返金までの期間、④返金方法など、双方の認識が一致するよう明示することが必要です。

さらに、返品については、未開封の商品に限定する、開封済みでも未使用の商品に限定するなどの返品条件も必ず記載しましょう。

・免責条項（免責事項）

ネットショップを運営する上で、必要以上の責任を負うことを避けるために定めるのが免責条項です。しかし、「当社は、当サイトより

生じる損害に関し、一切の責任を負わないものとします」など、一方的に責任を回避しようとしても、消費者契約法によって、その条項自体が無効となる可能性が高いといえます（84〜85ページ）。

そこで、損賠賠償額の上限を設定したり、「当社に故意または重大な過失がある場合を除いて免責」とする方法がとられます。

・権利譲渡の禁止条項

この条項は、サービス（役務）を提供するネットショップで定めることが多い条項です。たとえば、料金を支払うとショップのサイト上に掲載している写真素材を1か月間自由にダウンロードできるサービスを提供している場合、Aが契約を締結し、数日で必要な素材をすべてダウンロードしたとして、Aから「B→C→D…」へとサービスの利用権が譲渡されると、ショップは「B、C、D…」から料金を徴収できない不利益を受けます。そこで、契約締結時に「利用者は、本利用規約に基づく権利の全部または一部を第三者に譲渡してはならない」という形で、権利譲渡の禁止を明示する方法がとられます。

・準拠法と管轄裁判所

準拠法（どの国の法律でルールの適用をさせるか定めること）や管轄裁判所（争訟が起こった場合に訴えを提起することができる裁判所）の定めは、対面による契約であっても定めるのが一般的です。さらにネットショップの場合は、当事者双方が遠方であったり、日本に限らず海外のネットショップを利用していたりする可能性が高く、準拠法と管轄裁判所の規定の重要度がより高いといえます。

準拠法を定めていない場合は、国際私法という法律によって外国の法律が適用される場合があります。これでは、トラブルが生じたときに大変です。そこで「本利用規約の解釈・適用は、特段の定めのない限り、日本国法に準拠するものとする」という規定を設けておくべきです。また、当事者双方が日本人で日本国内での取引であっても、北海道の事業者と四国の購入者との間で発生するような隔地者間のトラ

第2章　電子商取引をめぐる法律と利用規約の作成法　**97**

ブルであれば、管轄裁判所によって大きな有利不利が発生します。

　そこで、多くの利用規約では「事業者の本店所在地を管轄する地方裁判所を第一審の専属的合意管轄裁判所とする」と定められます。

・**利用規約の変更条項**

　万全な利用規約を定めていたつもりでも、取り巻く環境の変化や運営上の気づきから、利用規約の条項を変更する必要が生じる場合があります。このような条項の変更は契約内容の変更にあたるため、利用者（消費者）との合意を必要とするのが原則です。しかし、契約締結時に「当社は、利用者への通知・承諾なしに、本利用規約の変更（追加・削除を含む）をすることができ、本サービスを利用者が利用した時点で、変更に同意したものとみなします」との変更条項を利用規約に定めていれば、事業者は一方的に利用規約の変更ができます。

　ただし、継続的に商品やサービスを提供している場合などは、利用者に不利益をできる限り生じさせないことが必要です。利用者に提供する商品やサービスを大幅に変更する際は、個別に同意を得る必要があるでしょう。また、利用規約が平成29年改正民法で新設された「定型約款」（不特定多数の者との間で画一的な取引をする際に定めるもの）にあたる場合は、一方的な利用規約の変更について利用者に周知を行わないと、変更の効力が生じない点に注意が必要です。

● 利用規約の有効性

　利用規約には、取引条件として有効となるための一般的な条件があると考えられています。具体的には、①利用規約が適切な箇所に掲示されていること、②利用規約が明確で平易であること、③利用者（消費者）が利用規約に同意して申込を行っていることの3つです。

　まず、しっかりとした利用規約があっても、利用者が気づかない箇所に掲示されていては意味がありません。ネットショップのサイト上の目立つ箇所にリンクボタン等を設けて、利用者が簡単に利用規約を

閲覧できるようにすることが必要です。次に、利用規約が長文ですべてを理解できない場合や、難解な表現で読み解けない場合は、利用規約が無効となる可能性があります。これらの条件を満たした上で、利用者が利用規約に同意して申込を行えば、その利用規約が取引条件として有効となり、契約書と同等の効果が生じることになります。利用者の同意を得る方法としては、申込画面に「利用規約に同意する方は、〔同意する〕ボタンをクリックしてください」というような案内を目立つように記載します。

その際、「利用規約」をテキストリンク形式とし、クリックすれば再度利用規約を閲覧できるようにするか、スクロール形式にして、そのページ内で利用規約を閲覧できるようにしておきましょう。より確実にするには、利用規約を閲覧しなければシステム上〔同意する〕ボタンがクリックできないようにする方法や、「□利用規約に同意します」というチェックボックスを設ける方法などもあります。

■ 利用規約で必ず考慮すべき事項 …………………………………

条　項	ポイント
契約の成立時期に関する条項	法律上は承諾のメールがメールサーバに記録された時点で契約が成立する（到達主義）
諸費用の負担に関する条項	送料、部品代、組立料、梱包料、登録料などの詳細を明示
返品・返金・交換に関する条項	返品（交換）の際の送料負担、受付期間、返金までの期間、返金方法など
免責条項	必要以上の責任を負うことを避けるために定める
権利譲渡の禁止条項	サービスを受ける権利を第三者に譲渡できないよう定める
準拠法と管轄裁判所	準拠法は日本国法、管轄裁判所は本店を管轄する裁判所とすることが多い
利用規約の変更条項	事業者による一方的な規約の変更について「利用者が同意したとみなす」と取り扱えるようにする

第2章　電子商取引をめぐる法律と利用規約の作成法

書式 1

特定商取引法に基づく表示

特定商取引法に基づく表示

商品名	商品毎にウェブサイト上に表示しています。
代金	商品毎にウェブサイト上に表示しています。
送料	4,000円以上お買上げの場合は無料、その他の場合は全国一律400円をご負担頂きます。
代金支払方法	次のいずれかの方法によりお支払い下さい。 ① クレジットカード番号を入力して支払う。 ② 弊社指定の銀行口座へ振り込む。 ③ コンビニ決済の番号を取得してコンビニで支払う。 ④ 商品を届ける宅配業者に現金で支払う。
代金支払時期	① クレジットカードによるお支払いは商品発送の翌月以降に引き落とされます。 ② 弊社銀行口座へのお振込は商品発送前に前払いして下さい。 ③ コンビニでのお支払いは商品発送前に前払いして下さい。 ④ 代金引換発送は商品お受取り時にお支払い下さい。
商品のお届け時期	代金引換の場合はお申込日から、それ以外は決済日又は入金日から１週間以内にお届け致します。
商品のお申込のキャンセル	商品のお申込後のキャンセルはお受け致しかねます。
商品の返品	商品の不具合以外を理由とする返品はお受け致しかねます。
事業者名	株式会社スズタロダイエット
所在地	東京都○○区○○１−２−３
電話番号	03−0000−0000
通信販売業務責任者	鈴　木　太　郎

Point

1 特定商取引法に基づく表示とは

特定商取引法に基づく表示とは、特定商取引法に基づき、通信販売業者に表示（掲示）が義務付けられている広告表示事項です。具体的には、89ページ以降で述べた必要的記載事項を表示します。

2 必要的記載事項を省略できる場合もある

必要的記載事項をすべて表示することが難しい場合は、以下の要件を満たせば、一部の表示を省略することができます（93ページ）。

ⓐ 広告上に「消費者からの請求があった場合は、必要的記載事項を記載した文書またはメールを送付する」ことを記載している。

ⓑ 消費者から請求があった場合に、必要的記載事項を記載した文書またはメールを遅滞なく送付できる措置を講じている。

ただし、下図のは、これらが取引条件となる場合、必ず表示しなければなりません。たとえば、前ページ図の場合は、④を取引条件としたいので「商品のお申込のキャンセル」「商品の返品」という形で表示していますが、これが省略不可の事項にあたります。

また、特定商取引法上の広告表示事項に関する規制に違反した事業者には、1年以内の期間を定めて、通信販売に関する業務停止が命じられることがあるので、留意する必要があります。

■ 必要的記載事項の省略と省略できない事項

原則として必要的記載事項の広告が必要

⬇

請求があった場合に文書などで提供する措置をとっていれば一部事項の記載省略が可能

⬇

ただし、その場合でも、94ページ表の④返品制度に関する事項、⑦申込の有効期限、⑩ソフトウェアの動作環境、⑪販売数量の制限などの条件、⑫書面請求について費用負担、⑬電子メール広告をする場合の電子メールアドレスは、取引条件とする場合に省略することが認められない

第2章　電子商取引をめぐる法律と利用規約の作成法

書式 2 ネットショップ利用規約

ネットショップ利用規約

第1条（目的） 本利用規約（以下「本規約」といいます）は、○○株式会社（以下「当社」）による利用者に対する商品販売条件及び当社と利用者との間の権利義務関係が定められています。本ネットショップを利用するには、本規約のすべてに同意頂くことが必要になります。

第2条（定義） 本規約で用いる用語の定義を次の通り定めます。

一 「商品」とは、本ネットショップで販売する商品のすべてをいいます。

二 「利用者」とは、本ネットショップを利用するすべての方をいいます。

三 「購入者」とは、本ネットショップで販売する商品の購入申込をし、これを当社が承諾した利用者をいいます。

四 「ID」とは、利用者が本ネットショップを利用する際に、ウェブサイト上に定められた方式に基づいて入力すべき文字列として、利用者が任意に定めたものをいいます。

五 「パスワード」とは、前号のIDの入力に続いて入力すべき文字列として、利用者が任意に定めたものをいいます。

第3条（適用） 利用者は本規約に同意するものとし、同意しない場合には本ネットショップの利用を認めないものとします。

2 当社と購入者との間の契約についても本規約がすべて適用されます。

3 当社は、利用者の承諾を得ることなく、規約の変更、商品の変更及び本ネットショップの廃止ができるものとし、本ネットショップ上に改定後の規約を掲載した時点で、利用者が規約の変更、商品の変更及び本ネットショップの廃止に同意したものとみなします。

第4条（契約締結の方式） 契約の締結は、当社が商品を利用するための申込方法としてウェブサイト上に定める方式に基づき、利用者が次に掲げる事項を入力して申込を行うものとします。

一 申込をする商品

二 氏名

三　住所

四　年齢

五　電話番号

六　メールアドレス

七　ＩＤ

八　パスワード

2　当社は前項の申込に対し、相当な期間内に承諾可否の回答を発します。

第5条（契約締結時期）　当社が前条第2項の承諾の回答を電子メールで発したときに契約が締結され、その効力が発生するものとします。

第6条（本商品利用及び代金支払等）　前条の効力発生と同時に、購入者は、当社がウェブサイト上に定めた決済方法により、本商品の代金支払いを行う義務を負います。

2　当社は購入者が商品の代金を支払うまで、商品の発送を留保することができます。

3　購入者は、商品を入手するために発生する送料、振込手数料、決済代行手数料その他費用を自ら負担するものとします。

4　購入者は商品を返品することができません。ただし、商品の不具合を理由とする場合はこの限りではありません。

5　商品の内容、代金、決済方法並びに引渡時期及び方法等は本ネットショップ上に表示するものとします。

第7条（ボーナスポイント付与）　購入者は商品に付加されたボーナスポイントの付与を受けることができます。

2　購入者は前項に基づき付与されたボーナスポイントを「1ポイント＝1円」に換算して、当社が提供する商品購入の代価とすることができます。ただし、ボーナスポイントを現金に交換することはできません。

第8条（商品の評価）　購入者は、当社が本ネットショップ上で定める方式に基づき、利用した商品の評価をすることができます。

2　当社は、前項の評価が著しく不当であると判断した場合は削除することができます。

3　第1項の行為をするための費用等は購入者に発生しません。

第9条（掲示板の利用）　購入者は、当社が本ネットショップ上で定め

第2章　電子商取引をめぐる法律と利用規約の作成法　**103**

る方式に基づき、掲示板に文章の書込みや画像の貼付けを行うことができます。

2　前項の行為は、次に掲げる事項に該当しないと認められる限りで行うことができます。

一　当社の名誉又は信用を害し、あるいは誹謗中傷するもの

二　当社の著作権、特許権、実用新案権、意匠権、商標権その他知的財産権を害するもの

三　その他当社の権利又は利益を害し、あるいは営業を妨げるもの

四　第三者のプライバシー、名誉又は信用を害し、あるいは誹謗中傷するもの

五　第三者の著作権、特許権、実用新案権、意匠権、商標権その他知的財産権を害するもの

六　第三者の権利又は利益を害するもの

七　公序良俗に反するもの

3　当社は事前に通知又は催告することなく、前項に反する書込みを削除することができるものとします。

4　第1項の行為をするための費用等は購入者に発生しません。

5　利用者は、当社によりあらかじめ定めた期間が終了するまで掲示板に書込みを行うことが可能です。

第10条（譲渡禁止）　購入者は、本規約に基づいて発生する一切の権利を第三者に譲渡し、又は担保に供してはなりません。

第11条（契約の終了）　購入者及び当社が本規約に基づいて有した権利及び義務は、債務が履行されたのと同時に消滅します。

第12条（解除）　当社は、購入者に対し差押、仮差押、仮処分、租税滞納処分、破産手続開始の申立て、民事再生手続開始の申立て及び会社更生手続開始の申立てがあったときは、前条の規定に関わらず購入者との契約を解除することができます。

2　長期の不在、受取拒否その他の事情により、最初の配送から1か月以上経過しても商品を受領していただけない場合、当社は購入者との契約を解除することができるものとします。

3　当社は、前2項に定める他、購入者の信用に著しい不安が生じたと

きも購入者との契約を解除することができます。

4 第1項ないし第3項の解除には、事前の通知又は催告の手続を要しないものとします。

第13条（必要機器の準備） 購入者は本規約上の権利を行使するため、コンピュータ機器、ソフトウェア及び通信機器その他必要機器を自らの負担で準備するものとします。

2 当社は前項の必要機器の準備につきいかなる責任も負いません。

第14条（利用制限） 当社は次に掲げる事項に該当する場合、利用者による本ネットショップの利用を制限することができます。

　一　本ネットショップの運営に必要な保守作業を行うとき

　二　利用者又は第三者による本ネットショップの利用により、コンピュータウイルスその他侵害が発生し、利用者、当社又は第三者に損害が発生するおそれがあるとき

　三　前号の他、利用者、当社又は第三者の利益を保護するため、必要があると判断したとき

2 当社は前項の利用制限により利用者に生じた損害につき、賠償義務を負いません。

第15条（利用取引の停止） 購入者が商品を利用するにあたって、次に掲げる事項に該当する行為を行った場合、当社は購入者による本ネットショップの利用を停止します。

　一　本規約に違反する行為を行ったとき

　二　過去に本契約に違反する行為を行い、本ネットショップの利用を制限されていた事実が判明したとき

　三　違法な目的、又は公序良俗に反する目的で本ネットショップを利用したとき

　四　その他、当社が本ネットショップの利用を停止することが望ましいと判断する行為が行われたとき

第16条（非保証） 当社及び当社の商品に協力する企業又は本ネットショップ上の広告企業は、次に掲げる事項につき、保証をし、あるいは債務を負うことはありません。

　一　本ネットショップが常時又は永続的に利用できること

第2章　電子商取引をめぐる法律と利用規約の作成法　**105**

二　本ネットショップへの通信が正常であること

三　本ネットショップ又は本ネットショップに掲載される広告等の情報が真実であること

四　商品が通常有すべき以上の品質を有すること

五　商品が購入者の要求を満たすこと

第17条（ID・パスワードの入力及び管理）　利用者は本ネットショップの利用に際して、本ネットショップ上に定められた方式に基づき、ID及びパスワードを入力するものとします。

2　利用者はID及びパスワードを自ら管理する責任を負います。

3　利用者はたとえ第三者の行為であったとしても、自己のID及びパスワードを用いてなされた申込について、当社に対して一切の責任を負います。

4　当社は利用者のID及びパスワードを漏えいしません。

第18条（情報提供）　当社第4条第1項の申込時に入力された購入者の住所、電話番号又はメールアドレスに宛てて、商品の提供に必要な連絡、広告その他情報提供を発信することができます。

2　前項の発信は、当社の営業に支障のない限り、購入者の希望する方法によって行います。

第19条（申込事項の変更）　購入者は第4条第1項の申込に係る事項に変更が生じたときは、当社が本ネットショップ上で定める方式に基づき、直ちに入力して当社に連絡するものとします。

2　購入者が前項の連絡をしないために被った損害につき、当社は何らの責任も負いません。

第20条（個人情報の利用及び管理）　当社は、本ネットショップの利用者に関して知り得た購入者の個人情報を取り扱う場合、自己の責任において、個人情報の保護に関する法律（平成15年5月30日法律第57号）、その他の法令に従い適切に利用及び管理します。

第21条（通信の秘密）　当社は、電気通信事業法（昭和59年12月25日法律第86号）に基づき、利用者の通信の秘密を保持します。ただし、法令の定めに基づいて、官公署等から開示の要求があった場合はこの限りではありません。

2　当社は、特定電気通信役務提供者の損害賠償責任の制限及び発信者

情報の開示に関する法律（平成13年11月30日法律第137号）第4条第2項の定めに従い、開示するかどうかにつき、投稿又はデータ送信情報の発信者に意見を聴くものとします。ただし、当該開示請求に係る侵害情報の発信者と連絡がとれない場合、その他の特別な事情がある場合はこの限りではありません。

第22条（その他の損害賠償請求権） 当社は、利用者が本規約に違反し、その他利用者の責めに帰すべき事由により当社が被った損害につき、利用者に対して損害賠償請求をすることができます。

第23条（解除と損害賠償） 当社は契約を解除した場合であっても、前条の規定による損害賠償請求ができるものとします。

第24条（購入者の損害賠償請求権） 購入者は自己責任において当社商品を利用するものとし、購入者が当社商品の利用により被った損害につき、当社に損害賠償請求をすることはできません。

2　当社の故意又は重過失により購入者が損害を被ったときは、当社は当社の行為から直接生じた損害の実額を限度として賠償することがあります。

第25条（不可抗力による免責） 当社は、次に掲げる事由に起因して商品の提供が不能又は遅滞した場合は、債務不履行責任を負いません。

　一　地震、津波、台風、竜巻、大雨、洪水、自然火災、伝染病その他の自然災害

　二　戦争、テロ、革命、暴動、ストライキ、放火その他の社会的災害又は事件

　三　航空機、鉄道、船舶その他の交通機関の事故又は故障

　四　その他当社の不可抗力によるもの

第26条（準拠法、合意管轄） 本規約の準拠法については日本法が適用されるものとします。

2　本規約に関して万一紛争が生じた場合は、○○裁判所を第一審の専属的合意管轄裁判所とするものとします。

　附　則

2019年4月1日　制定・施行

第2章　電子商取引をめぐる法律と利用規約の作成法　**107**

Point

1 どんな規約なのか

本書式例は、自社が運営するショッピングサイトの利用者・購入者と自社との間のみに適用されるルールを定めたものです。

2 ネットショップ利用規約における注意点

① 契約の成立時期

法律上、インターネット上の取引は、承諾の通知が相手方に到達した時点で契約が成立します（到達主義、24ページ）。しかし、これでは受信エラーなどがあったときに、利用者・購入者とのトラブルが発生する可能性があるため、第5条のように自社が承諾を発した時を契約成立とすることもあります（発信主義）。

② トラブルの予防措置

第8条や第9条では、購入者が商品の評価やその他の書き込みを行えることに対するトラブル予防措置を設けています。いずれも削除権限を自社に留保しているのがポイントです。実務上は、書式例よりもさらに具体的な例示をするとよいでしょう。

③ 非保証条項の考え方

ネットショップに限りませんが、利用規約には「非保証（不保証）条項」を規定することがあります（第16条）。Webサイトの運営は、損益を考慮した結果、運営を継続するメリットがなくなれば、突然運営を停止することがあります。そこで、事前に「サイトが常時または永続的に使用できること」に関する非保証を明示しておきます。また、サイトへの正常なアクセス、サイトに掲載されている情報の信頼性、顧客満足などに関しても同時に規定することがあります。

④ 登録されたメールアドレスの取扱い

第20条の個人情報の取扱いだけでなく、補助的に第18条でメールアドレスについての規定を設けています。これは個人情報保護法における「利用目的の特定」であり、一般的にオプトイン方式といわれるものです。利用者から事前に同意を得ておくことで、適法に広告配信や情報提供を行うことができます。

書式
3 ＳＮＳ利用規約

SNS利用規約

　本利用規約（以下「本規約」という）は、株式会社○○○○（以下「当社」という）が提供するサービス（以下「本サービス」という）の提供条件及び当社と当サービス利用者間の権利義務関係を定めたものです。本サービスを利用するには、本規約のすべてに同意頂いた上で、本規約及び当社が別途定める方法により会員登録を行って頂くことが必要となります。

第1条（定義）本規約上で、使用される用語の定義は次の通りとします。

　　一「本サイト」とは、当社が運営し、本サービスを提供するWebサイト（http://○○○○co.jp）をいいます。

　　二「利用者」とは、本サイトを利用する目的で会員登録している者をいいます。

　　三「登録ML」とは、本サービスの提供を受ける目的で、利用者が当社に提供した電子メールアドレスをいいます。

　　四「投稿」とは、ネットワークを通じてテキスト又はデータ（画像、動画、その他のデータを含みます）を本サイトに送信することをいいます。

　　五「メールマガジン」とは、電子メールによって発行される雑誌、又は電子メールによって利用者に定期的に情報を届けるシステムをいいます。

第2条（適用範囲）本規約は、本サービスの利用者及び利用者に関わる第三者と当社との間のすべての関係に適用されます。

2　当社が本サイト上で掲載する本サービス利用に関するガイドライン（http://○○○○.co.jp/××××.html）は、本規約の一部を構成するものとします。

3　本規約の内容と、前項のガイドライン及びその他の本サービスに関する説明とが異なる場合には、本規約の規定が優先して適用されるも

第2章　電子商取引をめぐる法律と利用規約の作成法

のとします。

第3条（サービスの詳細） 利用者は、次に定める本サービスを無償で利用することができます。ただし、本サービスを利用する場合に必要な情報通信機器等による電子メール受信、Webサイト閲覧その他必要な通信費用の一切は、利用者が負担するものとします。

一　プロフィールの登録・更新機能

二　知人、ジャンルごとのコミュニケーションネットワークの構築・共有及び検索機能

三　テキスト、写真及び動画などの投稿・閲覧機能

四　メッセージの送受信機能

五　本サイト内への個別ページ作成機能

2　当社は、本サービスに関して、内容・サービス利用料の有無、本サービスの提供方法の変更、休止又は廃止等を自由にすることができるものとします。ただし、これらの変更を行う場合は、本サイト又は電子メールによって事前に通知・催告をいたします。

3　前項の本サービスの変更内容は、当社が本サイト内に掲載したときから効力を生じるものとします。

4　18歳未満の方が、本サービスを利用する場合、利用が制限される場合があります。

第4条（会員登録） 本サービスの会員登録に関して、原則として登録料は発生しません。本規約のすべてに同意頂ける方であれば、どなたでも会員登録して頂くことができます。

2　会員登録は、本サイト内に定められた本サービス利用に関するガイドラインに従って正確な内容を入力するものとし、虚偽又は偽装など、事実に反する内容を登録することを禁止します。

3　会員登録に関して、本サービスの利用を希望する者（以下「登録希望者」といいます）が次の各号のいずれかに該当する場合は、登録又は再登録を拒否することがあります。なお、当社は拒否理由について一切の開示義務を負いません。

一　当社に提供された登録事項の全部又は一部について、事実に反する内容、誤記又は記載漏れがあった場合

二　登録希望者が従前に当社との契約に違反した者、又は違反者の関係者であると当社が判断した場合

三　その他、当社が登録に際して適当でないと判断した場合

4　利用者は、会員登録に際して届け出た事項に変更が生じた場合、速やかに本サイト内にて定めた方法によって、登録内容の変更又は修正を行うものとします。当該変更又は修正を怠ったことにより、利用者が損害を被った場合であっても、当社は一切の責任を負わないものとします。

5　当社は、本サービスに関して得た利用者の個人情報を個人情報の保護に関する法律（平成15年5月30日法律第57号）及び当社「プライバシーポリシー（http://○○○○co.jp/□□□.html）」に基づき、適切に取り扱うものとします。

6　当社は利用者が受信を了承した場合に限り、本サイトから利用者に対し、メールマガジンなどの電子メールを送信する場合があります。

第5条（利用の開始）本サービスに関して、登録希望者が前条の会員登録を行った場合、これを受けて当社が登録完了通知を送信します。

2　登録希望者は、前項の登録完了通知を登録MLによって受信した時点で、本サービスの利用者とみなされます。また、利用者が本サービスを利用するためのID及びパスワードを設定した時点で、本サービスの利用を開始することができることとします。

第6条（退会）利用者は、本サイト内に定められた方法に従って本サービスから退会し、会員登録を抹消することができます。

2　前項の退会をする場合、利用者が当社に対して負っている残存債務があれば、当該債務の一切について当然に期限の利益を失い、直ちに当社に対してすべての債務を履行しなければなりません。

第7条（登録抹消等）当社は、利用者が次の各号のいずれかに該当する場合、事前に通知又は催告することなく、利用者に対する本サービスの利用停止又は会員登録の抹消ができるものとします。

一　本規約のいずれかの条項に違反したとき

二　当社からの問い合わせ、その他の回答を求める連絡に対して21日以上応答がないとき

第2章　電子商取引をめぐる法律と利用規約の作成法　**111**

三　本規約第４条第３項各号又は第10条に掲げる禁止事項のいずれか
　　　に該当する場合

　　四　前各号に定める他、当社が本サービスの利用又は利用者としての
　　　登録について適当でないと判断した場合

２　前項の登録抹消がなされた場合、利用者が当社に対して負っている
　残存債務があれば、当該債務の一切について当然に期限の利益を失い、
　直ちに当社に対してすべての債務を履行しなければなりません。

３　当社は、本条に基づく当社の措置により利用者及び利用者に関わる
　第三者に生じた損害について一切の責任を負いません。

第８条（利用環境）利用者は、本サービスを利用するために必要な機器、
　ソフトウェア及び通信手段等を自己の責任と費用において、適切に整
　備しなければなりません。

２　利用者は自己の利用環境に応じて、コンピュータウィルスの感染の
　防止、不正アクセス及び情報漏えいの防止等のセキュリティ対策を講
　じるものとします。

３　当社は利用者の利用環境について一切関与せず、何らの責任も負い
　ません。

第９条（ID等の発行・管理等）当社は、利用者に対してID及びパスワー
　ドなどの認証情報（以下「ID等」という）を発行します。なお、ID
　は登録希望者が登録時に任意で指定した文字列により発行し、パス
　ワードは英数字を混在させた８文字以上の推測されにくい文字列で利
　用者自身が随時更新するものとします。

２　利用者は、ID等を第三者に利用させる行為並びに、貸与、譲渡、
　名義変更、売買及び質入等いかなる処分もすることはできません。

３　利用者は、ID等を自己の責任において厳重に管理しなければなら
　ず、万一、ID等が不正に利用された場合、これに基づき当社又は第
　三者に生じた損害等はすべて、そのIDを保有する利用者が負担する
　ものとします。

４　利用者は、ID等が不正に利用されていることを知った場合、直ち
　にその旨を当社に連絡する義務を負います。

第10条（禁止事項）利用者は、本サービスの利用に際し、次の各号の

いずれかに該当する行為又は該当すると当社が判断する行為を禁止します。

一　当社、利用者又は第三者の知的財産権、肖像権並びにプライバシー権の侵害行為

二　当社及び他の利用者又は第三者の名誉・信用を毀損する行為

三　当社及び他の利用者又は第三者に対する詐欺及び脅迫行為

四　当社及び他の利用者又は第三者に対する誹謗中傷及び差別行為

五　当社及び他の利用者又は第三者の財産を侵害する行為、又は侵害するおそれがある行為

六　当社及び他の利用者又は第三者に対して経済的損害を与える行為

七　本サービスのネットワーク又はシステム等に過度な負荷をかける行為

八　本サービスの運営に支障をきたす行為

九　当社のネットワーク並びにシステム等に不正にアクセスし、又は不正なアクセスを試みる行為

十　公序良俗に反する行為

十一　当社が社会通念上、不適切と判断する行為

十二　前各号に定める他、法令に違反する行為

2　利用者は、本サービスの利用に際し、次の各号のいずれかに該当する情報を投稿又はデータ送信する行為を禁止します。

一　コンピュータウィルスその他の有害なコンピュータプログラムを含む情報

二　過度にわいせつな表現を含む情報、児童ポルノ又は品性を欠く情報

三　過度に暴力的又は残虐な表現を含む情報

四　殺害、虐待、自殺、自傷行為を助長する表現を含む情報

五　薬物の不適切な利用を助長する表現を含む情報

六　反社会的な表現を含む情報

七　チェーンメール等の第三者への情報の拡散を求める情報

八　他人に不快感を与える表現を含む情報

九　面識のない異性との出会いを目的とした情報

十　前項の行為に該当する情報

十一　当社が社会通念上、不適切と判断する情報

第11条（本サービスの停止等）　当社は、次の各号のいずれかに該当する場合、利用者に事前に通知することなく、本サービスの一部又は全部の提供を中断若しくは停止し、又は本サイトに対するアクセス制限若しくは容量制限をすることができるものとします。

一　本サービス提供のための装置、システム等の保守又は工事のため、やむを得ないとき

二　本サービス提供のための装置又はシステム等の障害によってやむを得ないとき

三　本サービスを提供するための電気通信サービスに支障が発生したとき

四　利用者からのアクセスが原因となり、システムの容量を超える利用がなされたとき

五　ID等の漏えいなど、セキュリティに問題が生じたとき

六　その他、運用上又は技術上、当社が合理的な理由により必要であると判断したとき

2　前項に基づき、当社が行った措置によって利用者に生じた損害について、当社は一切の責任を負いません。

第12条（利用者の投稿）　利用者は、第三者の著作権を侵すことのないよう、投稿又はデータ送信を行わなければならず、第三者のメディア又はコンテンツからのテキスト、画像、動画及びその他データの無断転載を禁じます。ただし、事前に権利保有者の許諾を得たもの及び著作権法に基づく「引用」にあたる場合は、この限りではありません。

2　利用者が第三者の著作権を侵害することなく投稿又はデータ送信した情報について、著作権及び著作者人格権は、利用者に帰属します。

3　前各項の規定に関わらず、本規約第10条第2項で禁止された情報が投稿又はデータ送信された場合、当社は事前に通知又は催告することなく、当該投稿又はデータ送信を削除することができるものとします。

第13条（通信の秘密）　当社は、電気通信事業法（昭和59年法律第86号）に基づき、利用者の通信の秘密を保持します。ただし、法令の定めに基づいて、官公署等から開示の要求があった場合はこの限りではあり

ません。

2 当社は、特定電気通信役務提供者の損害賠償責任の制限及び発信者情報の開示に関する法律（平成13年法律第137号）第４条第２項の定めに従い、開示するかどうかにつき、投稿又はデータ送信情報の発信者に意見を聴くものとします。ただし、当該開示請求に係る侵害情報の発信者と連絡が取れない場合、その他の特別な事情がある場合はこの限りではありません。

第14条（本規約等の変更）当社は、本規約を変更できるものとし、当該変更をした場合には、利用者に当該変更内容を通知するものとし、当該変更内容の通知がなされても、利用者が本サービスを利用した場合又は当社の定める期間内に登録抹消の手続きをとらなかった場合には、本規約の変更に同意したものとみなします。

第15条（非保証）当社は、次の各号に関し何らの保証を行うものではありません。

一　本サービスが利用者の意図する目的又は用途に適合すること

二　アクセス回線を利用した通信が正常に行われること

三　アクセス回線を通じて送受信されたデータが完全、正確で、又は有効であること

四　利用者からの処理要求又はデータ送信に関する通信速度

五　本サービス利用によって、利用者のコンピュータへの不具合及び障害が生じないこと

六　本サービスの永続的な提供

七　本サービス上に掲載された情報の正確性及び完全性

八　本サービス上の広告掲載企業及び商品に関する事項の信頼性又は効能等の保証

第16条（免責）当社は、利用者による投稿又はデータ送信により発生した損害、本サービス内容により発生あるいは誘発された損害について、一切の責任を負わないものとします。

2 当社は、利用者による投稿又はデータ送信された内容が、第三者の権利を侵害し、又は権利の侵害に起因して紛争が生じた場合、その侵害及び紛争に対して何らの責任も負わないものとします。

3　当社は、本サービスにおいて、利用者間で生じた一切のトラブルに関して、一切の責任を負わないものとします。

4　当社は、本サービス提供のためのシステム障害等による本サービス内容の誤表示及びそれ以外のいかなる原因に基づき生じた損害について、賠償する義務を一切負わないものとします。

5　当社は、利用者が使用するコンピュータ、回線及びソフトウェア等の環境等に基づき生じた損害について、賠償する義務を一切負わないものとします。

6　当社は、本サービスの停止、中止又は本サービス内容の変更により発生する損害について、賠償する義務を一切負わないものとします。

7　当社は、本サービス及び広告主を含む第三者のWebサイトからのダウンロードやコンピュータウイルス感染等により発生した、コンピュータ、回線及びソフトウェア等の損害について、賠償する義務を一切負わないものとします。

8　当社は、前各項の他、本サービスに関連して発生した損害について、一切の責任を負わないものとします。

第17条（通知） 本サービスに関する問い合わせその他利用者から当社に対する通知、及び本規約の変更に関する通知その他当社から利用者に対する通知は、原則として電子メールで行うものとします。

第18条（不可抗力） 当社は、天災地変、戦争、内乱、暴動、ストライキ、労働争議、社会的大変動、法令の改廃及びその他の本サービスの提供に重大な影響を与えると認められる事由等、当社の責めに帰することができない不可抗力によることが明らかであるときは、本規約上の不履行とはならず、その責任を負わないものとします。

第19条（準拠法、合意管轄） 本契約の準拠法については日本法が適用されるものとします。

2　当社及び利用者は、本契約に関して万一紛争が生じた場合は、○○裁判所を第一審の専属的合意管轄裁判所とすることに合意します。

附　則

2019年4月1日　制定・施行。

Point

1 どんな規約なのか

本利用規約は、人と人のつながりをサポートするコミュニティ型の
Webサイト、いわゆるソーシャル・ネットワーキング・サービス（SNS）
を提供するWebサイトに用いる規約となります。

本書式例では、現行は無料のサービスとして規定されていますが、将
来的に有料サービスに切り替える可能性を踏まえて第3条第2項のよう
に柔軟性を持たせています。また、第2条第2項や第4条第5項などに
あるように、利用規約に準じたガイドラインやプライバシーポリシーの
存在を前提としています。

2 SNS固有の問題

SNSでは、会員同士によるコミュニケーションや情報の交換などが
自由に行えるため、これにより発生する特有の問題があります。そのた
め、運営者が事前に行うことのできるトラブルの予防として、いくつか
のルールが盛り込まれています。

① サービス利用に対する制限

第3条第4項では、18歳未満の利用者に関して機能制限が示唆され
ています。具体的な措置として、18歳未満は閲覧できないコメントの
投稿やページの作成、メッセージの交換に関しての機能制限などがあり
ます。また、すべての利用者に対する虚偽登録の禁止、登録・再登録の
拒否（第4条）や、第三者に対する違法行為・迷惑行為などの禁止（第
10条）を規定することで、不適切な利用者に対する制裁（第7条、登
録抹消など）が実施できるようになっています。

② 責任の所在

たとえば、ⓐSNSを利用する上で必要な環境は利用者の自己責任と
すること（第8条）、ⓑID等の管理責任を定め、漏えいした場合も自己
責任とすること（第9条）、ⓒ利用に関する快適性やサービス提供の永
続性を保証せず、広告掲載企業に関して無関係であること（第15条）、
ⓓ利用者による投稿やデータ送信を原因とした違法行為、トラブルなど
に関する免責や賠償責任の免除（第16条）などを定めて、自社に責任
が及ばない措置を講ずることが重要です。

第2章　電子商取引をめぐる法律と利用規約の作成法　**117**

書式 4　マッチングサイト利用規約

マッチングサイト利用規約

　本利用規約（以下「本規約」という）は、株式会社○○○○（以下「当社」という）が提供するサービス（以下「本サービス」という）の提供条件及び当社と本サービス利用者間の権利義務関係を定めたものです。本サービスを利用するには、本規約のすべてに同意頂いた上で、本規約及び当社が別途定める方法により会員登録を行って頂くことが必要になります。

第1条（定義）　本規約上で、使用される用語の定義は次の通りとします。
　一　「本サイト」とは、当社が運営し本サービスを提供するWebサイト（http://○○○○co.jp）をいいます。
　二　「利用者」とは、本サイトを利用する目的で会員登録している者をいいます。
　三　「登録ML」とは、本サービスの提供を受ける目的で、利用者が当社に提供した電子メールアドレスをいいます。
　四　「受注者」とは、利用者のうち業務受託を目的として、受注者登録、発注案件検索及び商談依頼を行う者をいいます。
　五　「発注者」とは、利用者のうち業務委託を目的として発注案件登録、受注者検索、見積依頼の通知（以下「見積通知」という）、商談の承諾及び受注者評価を行う者をいいます。
　六　「商談依頼」とは、受注者が業務請負又は委任の成立を前提として、申込の意思通知を行うものをいい、商談依頼が発信された時期をもって効力が発生します。
　七　「メールマガジン」とは、電子メールによって発行される雑誌、又は電子メールによって利用者に定期的に情報を届けるシステムをいいます。

第2条（適用範囲）　本規約は、本サービスの利用者及び利用者に関わ

る第三者と当社間のすべての関係に適用されます。

2　当社が本サイト上で掲載する本サービス利用に関するガイドライン（http://○○○○.co.jp/××××.html）は、本規約の一部を構成するものとします。

3　本規約の内容と、前項のガイドライン及びその他の本サービスに関する説明とが異なる場合、本規約の規定が優先して適用されるものとします。

第3条（サービスの詳細）　会員は次に定める本サービスを無償で利用することができます。ただし、本サービスを利用する場合に必要な情報通信機器等による電子メール受信やWebサイト閲覧その他必要な通信費用の一切は、利用者が負担するものとします。

一　発注案件紹介及び商談締結など受発注サポート機能

二　発注案件・受注者検索機能

三　受発注者プロフィールの登録・更新機能

四　本サイト内への個別ページ作成機能

五　一括見積及び一括問い合わせ機能

六　メッセージの送受信機能

2　当社は、本サービスに関して、内容・サービス利用料の有無、本サービスの提供方法の変更、休止又は廃止等を自由にすることができるものとします。ただし、これらの変更を行う場合は、本サイト又は電子メールによって事前に通知・催告をいたします。

3　前項の本サービスの変更内容は、当社が本サイト内に掲載したときから効力を生じるものとします。

4　利用者が20歳未満の場合には、本サービスの利用を制限する場合があります。

第4条（会員登録）　本サービスの会員登録に関して、受注者及び発注者共に原則として登録料は発生しません。本規約のすべてに同意頂ける方であれば、どなたでも会員登録して頂くことができます。

2　会員登録は、本サイト内に定められた本サービス利用に関するガイドラインに従って正確な内容を入力するものとし、虚偽又は偽装など、事実に反する内容を登録することを禁止します。

第2章　電子商取引をめぐる法律と利用規約の作成法　**119**

3　会員登録に関して、本サービスの利用を希望する者（以下「登録希望者」といいます）が次の各号のいずれかに該当する場合は、登録又は再登録を拒否することがあります。なお、当社は拒否理由について一切の開示義務を負いません。

一　当社に提供された登録事項の全部又は一部について、事実に反する内容、誤記又は記載漏れがあった場合

二　登録希望者が従前に当社との契約に違反した者、又は違反者の関係者であると当社が判断した場合

三　その他、当社が登録に際して適当でないと判断した場合

4　会員は、会員登録に際して届け出た事項に変更が生じた場合、速やかに本サイト内にて定めた方法によって、登録内容の変更又は修正を行うものとします。当該変更又は修正を怠ったことにより利用者が損害を被った場合であっても、当社は一切の責任を負わないものとします。

5　当社は、本サービスに関して得た利用者の個人情報を個人情報の保護に関する法律（平成15年5月30日法律第57号）及び当社「プライバシーポリシー（http://○○○○co.jp/□□□.html）」に基づき、適切に取り扱うものとします。

6　当社は利用者が受信を了承した場合に限り、本サイトから利用者に対し、メールマガジンなどの電子メールを送信する場合があります。

第5条（利用の開始）　本サービスに関して、登録希望者が前条の会員登録を行った場合、これを受けて当社が登録完了通知を送信します。

2　登録希望者は、前項の登録完了通知を登録MLによって受信した時点で、本サービスの利用者とみなされます。また、利用者が当サービスを利用するためのID及びパスワードを設定した時点で、当サービスの利用を開始することができるものとします。

第6条（退会）　利用者は、本サイト内に定められた方法に従って本サービスから退会し、会員登録を抹消することができます。

2　前項の退会をする場合、利用者が当社に対して負っている残存債務があれば、当該債務の一切について当然に期限の利益を失い、直ちに当社に対してすべての債務を履行しなければなりません。

第7条（登録抹消等）　当社は、利用者が次の各号のいずれかに該当する場合、事前に通知又は催告することなく、利用者に対する本サービスの利用停止又は会員登録の抹消ができるものとします。

一　本規約のいずれかの条項に違反したとき

二　当社からの問い合わせ、その他の回答を求める連絡に対して21日以上応答がないとき

三　本規約第4条第3項各号に該当する場合、又は第10条第1項各号及び第2項各号に掲げる禁止事項のいずれかに該当する場合

四　前各号に定める他、当社が本サービスの利用又は利用者としての登録について適当でないと判断した場合

2　前項の登録抹消がなされた場合、利用者が当社に対して負っている残存債務があれば、当該債務の一切について当然に期限の利益を失い、直ちに当社に対してすべての債務を履行しなければなりません。

3　当社は、本条に基づく当社の措置により利用者及び利用者に関わる第三者に生じた損害について、一切の責任を負いません。

第8条（利用環境）　利用者は、本サービスを利用するために必要な機器、ソフトウェア及び通信手段等を自己の責任と費用において、適切に整備しなければなりません。

2　利用者は自己の利用環境に応じて、コンピュータウィルスの感染の防止、不正アクセス及び情報漏えいの防止等のセキュリティ対策を講じるものとします。

3　当社は利用者の利用環境について一切関与せず、何らの責任も負いません。

第9条（ID等の発行・管理等）　当社は、利用者に対してID及びパスワードなどの認証情報（以下「ID等」という）を発行します。なお、IDは登録希望者が会員登録時に任意で指定した文字列により発行し、パスワードは英数字を混在させた8文字以上の推測されにくい文字列で利用者自身が随時更新するものとします。

2　利用者は、ID等を第三者に利用させる行為並びに、貸与、譲渡、名義変更、売買及び質入等いかなる処分もすることはできません。

3　利用者は、ID等を自己の責任において厳重に管理しなければなら

第2章　電子商取引をめぐる法律と利用規約の作成法　**121**

ず、万一、ID等が不正に利用された場合、これに基づき当社又は第三者に生じた損害等はすべて、そのIDを保有する利用者が負担するものとします。

4　利用者は、ID等が不正に利用されていることを知った場合には、直ちにその旨を当社に連絡する義務を負います。

第10条（禁止事項）　利用者は、本サービスの利用に際し、次の各号のいずれかに該当する行為又は該当すると当社が判断する行為を禁止します。

一　当社、利用者又は第三者の知的財産権、肖像権並びにプライバシー権の侵害行為

二　当社、利用者又は第三者の名誉・信用を毀損する行為

三　当社、利用者又は第三者に対する詐欺及び脅迫行為

四　当社、利用者又は第三者に対する誹謗中傷及び差別行為

五　当社、利用者又は第三者の財産を侵害する行為、又は侵害するおそれがある行為

六　当社、利用者又は第三者に対して経済的損害を与える行為

七　本サービスのネットワーク又はシステム等に過度な負荷をかける行為

八　本サービスの運営に支障をきたす行為

九　当社のネットワーク並びにシステム等に不正にアクセスし、又は不正なアクセスを試みる行為

十　公序良俗に反する行為

十一　当社が社会通念上、不適切と判断する行為

十二　前各号に定める他、法令に違反する行為

2　利用者は、本サービスを利用して、次のいずれかに該当する情報を投稿又はデータ送信する行為を禁止します。

一　コンピュータウィルスその他の有害なコンピュータプログラムを含む情報

二　過度にわいせつな表現を含む情報、児童ポルノを含む情報又は品性を欠く情報

三　過度に暴力的又は残虐な表現を含む情報

四　殺害、虐待、自殺、自傷行為を助長する表現を含む情報

五　薬物の不適切な利用を助長する表現を含む情報

六　反社会的な表現を含む情報

七　チェーンメール等の第三者への情報の拡散を求める情報

八　他人に不快感を与える表現を含む情報

九　面識のない異性との出会いを目的とした情報

十　前項の行為に該当する情報

十一　当社が社会通念上、不適切と判断する情報

第11条（本サービスの停止等）　当社は、次の各号のいずれかに該当する場合、利用者に事前に通知することなく、本サービスの一部又は全部の提供を中断若しくは停止し、又は本サイトに対するアクセス制限若しくは容量制限をすることができるものとします。

一　本サービス提供のための装置、システム等の保守又は工事のため、やむを得ないとき

二　本サービス提供のための装置又はシステム等の障害によってやむを得ないとき

三　本サービスを提供するための電気通信サービスに支障が発生したとき

四　利用者からのアクセスが原因となり、システムの容量を超える利用がなされたとき

五　ID等の漏えいなど、セキュリティに問題が生じたとき

六　その他、運用上又は技術上、当社が合理的な理由により必要であると判断したとき

2　前項に基づき、当社が行った措置に基づき利用者に生じた損害について、当社は一切の責任を負いません。

第12条（受注者の責務）　受注者は、本サービスに関して、以下の事項を遵守するものとします。

一　本サービスによるすべての発注者からの見積通知（一括見積もりを含みます）に対して、できる限り速やかに検討を行い、遅滞なく商談依頼又は受注不可を通知するものとします。

二　前項の検討を経て、受注不可の通知をする場合、必ず本サービス

ガイドラインに従い、受注不可の理由を記載するものとします。

　三　第1号の検討を経て、商談依頼を通知する場合、本規約及び本サービスガイドラインに従うものとします。

2　本サービスにより、受注者が登録された発注案件に商談依頼を通知する場合、本規約及び本サービスガイドラインに従うものとします。

3　前項により受注者が商談依頼を行った場合で、前項の発注案件が事前に行った登録業種と著しく異なるときには、当社において当該商談依頼を削除する場合があります。

4　受注者は、本サービスによる受注者登録及び商談依頼を通知する場合、次に掲げる行為をすることができません。

　一　経歴、実績、その他、商談に関する重要な内容につき虚偽、その他当サイトの主旨にそぐわない記載

　二　作品紹介に関して、第三者の知的財産権、肖像権を侵害する行為

　三　会員登録を行った者以外による受注の代行など、内容が利用者と関係のないもの、又は関係があることの特定及び確認ができないと当社が判断する記載

第13条（発注者の責務）　発注者は、本サービスに関して、以下の事項を遵守するものとします。

　一　受注者に案件を依頼する場合、本規約及び本サービスガイドラインに従うものとします。

　二　受注者より通知される商談依頼に対して承諾した場合、商談終了後速やかに、本サービスガイドラインに従い、受注者の評価を行うものとします。

2　発注者は、本サービスによる発注案件を登録する場合、次のいずれかに掲げる行為をすることができません。

　一　雇用の分野における男女の均等な機会及び待遇の確保等に関する法律（昭和47年7月1日法律第113号）に従い、性別、年齢、その他の制限された募集を行う行為

　二　虚偽の事実、悪用、その他本サービスの主旨にそぐわない記載又は案件の登録

　三　会員登録を行った者以外による発注の代行など、内容が利用者と

関係のないもの、又は関係があることの特定及び確認ができないと当社が判断する案件の登録

第14条（自己責任の原則） 本サービスの利用に基づいて、受注者と発注者との間でサービス提供、請負、委任等の取引・契約等を行う場合、当社は一切関与せず、当事者双方で協議し、すべて自己の責任において行動するものとします。

2 当社が提供する本サービスに関して、受注者又は発注者に関する信用、能力、知識、資質及び人柄等について、当社は何らの保証もいたしません。

3 当社は、第1項の契約上において発生する債権債務、知的財産権、肖像権等の権利について一切関与せず、いかなる責任も負いません。

4 本サイト上において、受注者又は発注者が登録したすべての情報について、個人利用の限度を超えた無断での複製・販売・出版その他、転記・転載等を一切禁止します。これらが無断でなされたことについて、当社は一切関与せずいかなる責任も負いません。

第15条（通信の秘密） 当社は、電気通信事業法（昭和59年12月25日法律第86号）に基づき、利用者の通信の秘密を保持します。ただし、法令の定めに基づいて、官公署等から開示の要求があった場合はこの限りではありません。

2 当社は、特定電気通信役務提供者の損害賠償責任の制限及び発信者情報の開示に関する法律（平成13年11月30日法律第137号）第4条第2項の定めに従い、開示するかどうかにつき、投稿又はデータ送信情報の発信者に意見を聴くものとします。ただし、当該開示請求に係る侵害情報の発信者と連絡がとれない場合、その他の特別な事情がある場合はこの限りではありません。

第16条（本規約等の変更） 当社は、本規約を変更できるものとし、当該変更をした場合には、利用者に当該変更内容を通知するものとし、当該変更内容の通知がなされても、利用者が本サービスを利用した場合又は当社の定める期間内に登録抹消の手続きをとらなかった場合には、本規約の変更に同意したものとみなします。

第17条（非保証） 当社は、次の各号に関し何らの保証を行うものでは

第2章　電子商取引をめぐる法律と利用規約の作成法　**125**

ありません。

一　本サービスが利用者の意図する目的又は用途に適合すること

二　アクセス回線を利用した通信が正常に行われること

三　アクセス回線を通じて送受信されたデータが完全、正確で、又は有効であること

四　利用者からの処理要求又はデータ送信に関する通信速度

五　本サービス利用によって、利用者のコンピュータへの不具合及び障害が生じないこと

六　本サービスの永続的な提供

七　本サービス上に掲載された情報の正確性及び完全性

八　本サービス上の広告掲載企業及び商品に関する事項の信頼性又は効能等の保証

第18条（免責）　当社は、利用者による投稿又はデータ送信により発生した損害、本サービス内容により発生あるいは誘発された損害について、一切の責任を負わないものとします。

2　当社は、利用者による投稿又はデータ送信された内容が、第三者の権利を侵害し、又は権利の侵害に起因して紛争が生じた場合、その侵害及び紛争に対して何らの責任も負わないものとします。

3　当社は、本サービスにおいて、利用者間で生じた一切のトラブルに関して、一切の責任を負わないものとします。

4　当社は、本サービス提供のためのシステム障害等による本サービス内容の誤表示及びそれ以外のいかなる原因に基づき生じた損害についても、賠償する義務を一切負わないものとします。

5　当社は、利用者が使用するコンピュータ、回線及びソフトウェア等の環境等に基づき生じた損害について、賠償する義務を一切負わないものとします。

6　当社は、本サービスの停止、中止又は本サービス内容の変更により発生する損害について、賠償する義務を一切負わないものとします。

7　当社は、本サービス及び広告主を含む第三者のWebサイトからのダウンロードやコンピュータウイルス感染等により発生したコンピュータ、回線及びソフトウェア等の損害について、賠償する義務を

一切負わないものとします。

8　当社は、前各項の他、本サービスに関連して発生した損害について、一切の責任を負わないものとします。

第19条（通知）　本サービスに関する問い合わせその他の利用者から当社に対する通知、本規約の変更に関する通知及び当社から利用者に対する通知は、原則として電子メールで行うものとします。

第20条（不可抗力）　当社は、次の各号の事由に起因して、本サービスの提供に重大な影響（停止、中止、利用制限など）が生じたとしても、本規約上の不履行とはならず、その責任を負わないものとします。

一　地震、津波、台風、竜巻、大雨、洪水、自然火災、伝染病その他の自然災害

二　戦争、革命、テロ、暴動、ストライキ、労働争議、放火その他の社会的災害又は事件

三　法令の制定及び改廃

四　その他当社の責めに帰することができない不可抗力によるもの

第21条（準拠法、合意管轄）　本規約の準拠法については日本法が適用されるものとします。

2　利用者は、本規約に関して万一紛争が生じた場合は、○○裁判所を第一審の専属的合意管轄裁判所とすることに合意します。

附　則
2019年4月1日 制定・施行

Point

1　どんな規約なのか

　マッチングサイトとは、業務の外注やサービスの発注など、事業者同士を結び付けることを目的とするWebサイトをいいます。本書式例では、企業や個人事業主同士の間で、制作や開発の受発注を行えるようなマッチングサイトを運用することを想定としています。

　マッチングサイトでは、最終的に利用者同士が取引をすることが多い

第2章　電子商取引をめぐる法律と利用規約の作成法　**127**

ため、運営者は事業者同士の結び付けであり、交渉や契約成立に関しては利用者同士で行ってもらう工夫が必要です。具体的なシステム利用方法などは、第2条第2項、第12条第1項・第2項、第13条第1項にあるように、ガイドラインやマニュアルといった形で利用者にわかりやすく説明する別ページを作成します。

2　マッチングサイト固有の問題

　マッチングサイトの利用規約に特徴的な規定として、以下のものがあります。とくにマッチングサイトの運営者が、いわば事業者同士を仲介することで手数料収入を得ている場合、運営者にも一定の責任が生じるように思われますし、実際に一方または双方から運営者に対する責任追及が行われることもあります。そのため、運営者としては、事業者同士の結び付けのみを担うとし、その結果に対して一切責任を負わないとする免責事項を利用規約に定めるのが一般的です。免責事項をもって、すべてのトラブルの責任を負わなくてもよくなるわけではありませんが、一定の責任を回避することができるでしょう。

①　受注者・発注者の責務

　マッチングサイトの運営者は、事業者同士の結びつけのみを担いますが、それでも利用者間で公正に取引が行えるように、利用者である受注者・発注者の責務を明示します（第12条、第13条）。そして、規約に違反した場合は、運営者が第7条第1項第1号を根拠に登録抹消などを行うことで、利用者が安心して利用できる環境作りを実現します。また、受注者への見積もりを依頼することができるシステムを導入する場合、発注者がいつまでも返答を待つという不安定な状態に置かれることがないように、第12条第1項第1号のようなルールを定めます。

②　会員登録

　ビジネスの紹介をするという目的からも、マッチングサイトに登録する受発注希望者が登録する情報には、虚偽の内容が含まれないようにする必要があります。そのため、虚偽の記載がある場合は、登録を拒否できるようにしておきます（第4条第3項）。変更事項が発生した場合の報告義務も必要です（第4条第4項）。また、利用者が規約に違反した場合などに登録抹消ができるとする規定を、第7条のように設けておく

ことも重要です。

なお、マッチングサイトの運営について、本書式例では無料サービスとなっていますが、有料サービスとする場合は、有料職業紹介事業許可が必要となる可能性がありますので、注意が必要です。

③　自己責任の原則（第14条）

これも利用者同士が取引を行うというマッチングサイト特有の事情に合わせた規定です。「事業者対消費者」が前提の利用規約とは違い、「事業者対事業者」が前提のマッチングサイトでは、個々が自らの判断、自らの責任で望ましいと考える行動をとることが原則です。

これは特定の法律による規定があるわけではありませんが、規約として定めることによって、利用者自身の再確認を促すことを狙いとしています。

④　知的財産権の取扱いについて

業務の外注などを依頼する場合、受注者の実績や作品などによって判断することが多くなるため、これらに関する知的財産権の問題が発生します。

そこで、受注を希望する利用者自身のものではない作品などを掲載することを禁止し（第12条第4項第2号）、あわせて偽りの経歴等の掲載を制限します（第12条第4項第1号）。また、受発注双方の事業者に対して知的財産権侵害行為を禁止する規定を設けます（第10条第1項第1号）。さらに、掲載された作品や文章などが無断複製であった場合などについて、運営者が一切責任を負わないとする免責規定を盛り込んでおくことも大切です（第18条第2項）。

⑤　法令の遵守について

規約に定めをする、しないにかかわらず、遵守しなければならない法律はたくさんありますが、あえて規約上に明示することで、運営者と利用者の立場を確認します。その代表例が、第4条第5項に記載された「個人情報の保護に関する法律」や、第15条に記載された「電気通信事業法」に関してです。なお、第13条には男女雇用機会均等法について記載がありますが、マッチングサイトは雇用契約を結ばない外部委託ですので、同法による義務が課されるものではありません。あくまで目安として取り入れています。

第2章　電子商取引をめぐる法律と利用規約の作成法　　**129**

Column

印鑑の押し方のルール

契約書作成などでは、「訂正印」「契印」「捨印」「消印」「割印」といった特殊な使い方をする場合もあります。

訂正印は、文書に書いた文字を書き直しするときに用います。契約書が複数のページからできている場合は、すべてが一体の契約書面であることを示すために、とじ目をまたいで当事者双方が押印をします。これが契印です。捨印は、後で文書の中の文字を訂正する必要が出てきたときに、文字を訂正してもよいという許可を前もって出しておく場合に使用されます。消印とは、契約書に貼付された印紙と契約書面とにまたがってなされる押印のことです。また、契約書の正本と副本を作成する場合、または同じ契約書を2通以上作成して、複数人数でそれぞれ1通ずつ保管しておく場合は、割印を用います。

■ 契約印の押し方

①契印と割印

契印

割印

②捨印

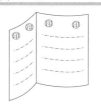

③訂正印

誤った文字の上に二本線を引き、上部に正しい文字を記入する場合	誤った文字の上に二本線を引き、上部に正しい文字を記入する。そして欄外に「削除2字」「加入1字」と記載する場合	訂正した文字をカッコでくくり、これに押印する場合
所在　豊島区池袋1丁目 　　　　2 地番　1番1 　　　㊞㊞	削除2字　㊞㊞ 　　　　　加入1字 所在　豊島区池袋1丁目 　　　　　5 地番　5番10	所在　豊島区池袋1丁目 地番　(8㊞7) 18番9

第3章

Web サイト開設や
ドメイン取得をめぐる
法律と書式

Webサイトを外注する際の基本について知っておこう

書面により細かい事項まで希望を制作者に伝える必要がある

● どんなWebサイトを制作したいのかを決める

　Webサイトとは、ひとまとまりとして公開している複数のページの集合体のことで、単にサイトという場合や、ホームページという場合もあります。Webサイトを外注により制作する場合は、目的物が抽象的なものであることから生じる特有の問題があります。

　たとえば、建物を建築するときは、設計図などを見ながら、委託者（注文者）が完成後の具体的なイメージを受託者（請負人）に伝えた上で建築が行われるため、完成後の建物が当初のイメージと大きくかけ離れるトラブルは生じにくいといえます。しかし、Webサイトの制作は、具体的なイメージを委託者と受託者（制作者）とが共有することが難しいという特徴があります。委託者はWebサイトの制作に関して専門知識がないのが一般的ですが、制作するWebサイトには無数のパターンが考えられます。そのため、色彩ひとつをとっても、イラストや文字の配置なども、委託者がイメージしたWebサイトと完成後のWebサイトとが根本的に違うことも生じます。そのため、委託者は、自社の事業がどのような業種なのか、各ページはどのようなデザインがよいのか、問い合わせやリンクを設けるのか、など、自社のWebサイトに必要不可欠な機能を明確に受託者に伝える必要があります。

　なお、Webサイトの制作に関して話し合う際は、後のトラブルを防ぐためにも、書面により取り決めておくことが必要です。

● Webサイトを作るときの注意点

　Webサイトを作成する際は「知的財産権」にも注意する必要があ

ります。知的財産権とは、発明、アイデア、芸術表現など、形のないものに対する権利のことで、特許権、著作権、商標権、実用新案権、意匠権などがあります。知的財産権は産業の発展のために重視されているので強く保護され、侵害すると重い責任がかかってきます。Webサイト作成の場合も権利侵害をしないよう基礎知識をもち、疑問があれば弁護士など専門家に相談することも大切です。

● 著作権侵害に注意する

　著作物に関する複製権（コピー）、譲渡権、翻案権、公衆送信権（送信可能化権を含む）といった様々な権利をまとめて「著作権」（著作財産権）といいます。著作権は著作物の創作者（著作権者）にまず発生し、著作権者はこれらの権利を他人に貸与・売買することができます。

・利用許諾を得た場合・自由利用ができる場合

　著作権者から許諾を得た場合や、自由利用できることが明記されている場合は、著作物の利用が可能です。ただし、「利用」とは複製などを指すため、特に著作権者が翻案（改変や脚色など）まで認めているかどうかは、事前の確認が必要です。たとえば、写真の拡大縮小やトリミング（一部を切り抜くこと）が翻案にあたります。

・私的利用

　私的利用の範囲であれば、著作権者の許諾がなくても著作物の利用が認められます。私的利用とは「個人的に家庭内で」という程度を意味するため、不特定多数に公開するWebサイトは私的利用にあたりません。社内も「私的」でないため、Webサイトの資料を社内会議でコピーして配布するのは、原則として著作権侵害になります（著作権法30条の３の検討過程の利用ならば、例外的に認められます）。

　また、私的利用の例外は、利用者自身による「複製」のみを認めています。Webサイトへの公開は、複製と送信可能化（アップロード）あたるので、著作権者に無断で行うと著作権侵害となります。

第3章　Webサイト開設やドメイン取得をめぐる法律と書式　**133**

消費者目線で画面を作成する

消費者からの錯誤無効の主張を封じるわかりやすい申込画面を作る

● 契約の取消し・無効により代金返還を請求されることもある

　Webサイト（ホームページ）の作成に際しては、電子契約法のルールや特定商取引法のルール（89ページ）もあわせて確認しておくことが大切です。

　店舗での取引では、買主（消費者）が購入数を言い間違えて、商品を沢山購入した場合は、民法の「錯誤」の規定で処理されるため、買主は契約の取消しを主張できます。ただし、買主に大きな落ち度（重過失）がある場合は、契約の取消しを主張できません。つまり、買主に重過失がある場合、売主は、契約をした通り、買主に商品の代金を請求できるわけです。

　しかし、買主がネットショップで商品を購入する場合は、電子契約法により、民法の「錯誤」の規定を修正した上で適用されます。具体的には、操作ミスに関する処理が民法とは異なり、買主は、重過失により操作ミスをしても、原則として契約の取消しを主張できます。

　ただし、買主に重過失による操作ミスがあった上で、次のいずれかの条件に該当すると、買主は契約の取消しを主張できなくなります。
① 　申込画面上に、申込（取引）を行う意思があるかどうかを確認するしくみ（確認措置）がある
② 　買主が「確認措置は不要である」と意思表明している

● 申込画面上で消費者が申込意思を確認できるようにする

　次の条件をクリアする申込画面であれば、上記①の消費者（買主）のための「確認措置」を講じていると考えられます。

1つ目は、あるボタンをクリックすると申込の意思表示になる、ということを消費者が一目で理解できる画面になっていることです。

　2つ目は、申込ボタンを押す前に申込内容が画面に表示され、その申込内容を簡単に訂正できるしくみになっていることです。

● 確認措置の提供が不要な画面を作成する場合

　上記②の条件を満たすため、消費者（買主）が「確認措置が不要である」との意思表明を行う画面を作成する際に注意するのは、「消費者が自分から望んで確認措置が必要ないと事業者に伝えた」といえるような画面を作成することです。たとえば、チェックボックスにチェックを入れると、確認措置が不要である旨の意思表明になる、というのをわかりやすく表示する必要があります。なお、事業者から意思の表明を強制された場合は「自分から望んだ」といえません。次のケースは事業者による強制があるため、不適切なしくみと考えられます。

　1つ目は、確認措置を設けていない事業者が、一方的に「確認措置を不要とする意思表明を行ったとみなす」と主張する場合です。2つ目は、「確認措置が不要であることに同意します」のボタンをクリックしないと、商品を購入できないしくみになっている場合です。

■ 申込画面と確認画面

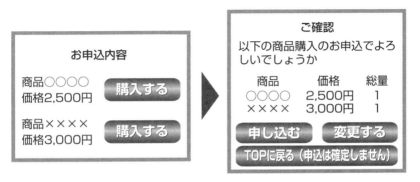

ドメインを取得するときの注意点について知っておこう

不正使用の目的でドメインを取得してはいけない

● 登録商標とドメイン取得の関係

　ドメインは「○○○.co.jp」といったインターネット上の住所のようなもので、原則としてアルファベットと記号で表現されます。たとえば、閲覧したいWebページ（ホームページ）のURLをWebブラウザに入力すると、目的のWebページにアクセスができます。なお、URLは「https://www.○○○.co.jp」のようにドメイン名を含みます。

　ドメインを取得する場合は、商標との関わりも考慮しなければなりません。商標は、商品やサービス（役務）の種類によって細かく区分されており、同一または類似した商標がすでにあっても、商品やサービスが似ていなければ、同一または類似の商標を理由として商標登録を拒絶されることはありません。つまり、商品やサービスが似ていないもの同士が同一または類似の商標を使っても問題は生じません。

　一方、ドメインについては、すでに存在するドメインと組織属性まで同じ場合は、そのドメインを取得できません。日本企業が商業目的でドメインを取得する際は、組織属性が「co.jp」となるため、他業種の企業同士が同じドメインを取得したいケースが出てきます。この場合、ドメインは先に申請した方の登録を認めるのが原則です。

　同様に、会社の場合は、自社の商号を踏まえて、ドメイン名を検討することが必要です。

● 周知表示や著名表示の使用の規制

　ドメインを使用する場合は、不正競争防止法の規制に注意する必要があります。主として以下の①②の方法による表示の使用が、不正競

争防止法の禁止する不正競争行為に該当します。不正競争行為により営業上の利益または信用を侵害された場合は、表示の使用停止（差止め）請求や損害賠償請求などが可能です。

① 取引相手などに広く知れわたっている商品・営業の表示（周知表示）と同一または類似した表示を使用すること

　周知表示と同一または類似した表示の使用が、他人の商品・営業と混同を生じるか、または生じるおそれがある場合に不正競争行為となります。「商品・営業の表示」とは、商品の容器・包装、商号、商標、標章など、商品・営業を表示するものを指します。

② 他人の商品・営業を示す表示のうち全国的に有名なもの（著名表示）と同一または類似した表示を使用すること

　ある地方で知られた表示であれば周知表示になりますが、著名表示は全国的に広く知られた表示であることが必要です。また、著名表示の使用は、他人の商品・営業との混同（または混同のおそれ）がなくても、不正競争行為になります。

● 取得や使用が不正の目的と認められる場合

　有名でない会社名や商品名であれば、自由にドメインとして使用できるわけではありません。周知表示や著名表示でないとしても、不正の目的によるドメインの使用などは不正競争行為とされます。具体的には、不正の目的で、他人の特定商品等の表示と同一または類似したドメイン名を取得、保有、使用することが禁止されます。

　ここで「特定商品等の表示」は、人の氏名、商号、商標、標章、その他商品やサービスを表示するものを指します。弁当、酒、醤油などの普通名称にすぎないものは対象外です。「不正の目的」という主観的要件を満たさないと不正競争行為にならないのがポイントです。

　「不正の目的」は、不正の利益を得る意図や、他人に損害を与える意図を指します。まず「不正の利益を得る意図」は、たとえば、企業

第3章　Webサイト開設やドメイン取得をめぐる法律と書式　**137**

が長年築き上げてきた知名度や信頼を利用し、自らの事業を有利に展開しようとすることです。取得したドメインを商標の使用者などに高く売りつけて利益を上げる意図も、これにあたります。一方、「他人に損害を与える意図」は、信用を失墜させるなどの損害を与える狙いを指します。たとえば、有名な事業者の商標と類似するドメインを取得して、ポルノサイトを開設するために使用すれば、他人に損害を与える意図があると評価されます。

● 禁止されるドメインの取得

　上記の通り、不正の目的で、他人の特定商品等の表示と同一または類似するドメインを取得、保有、使用することは禁止されています。Webサイトなどに使用するだけでなく、取得・保有することも禁止されている点に注意が必要です。なお、ドメインの「取得」とは、①ドメイン名登録機関に申請してドメイン名の使用権を得る、②第三者からドメイン名の使用権を譲り受ける、③第三者からドメイン名の使用許諾を得る、のいずれかを指します。③のように第三者から使用許諾を得る行為も「取得」とされる点に注意が必要です。

● 事前調査をしっかりして商標登録をする

　新たにドメインを取得する際は、次の2点を意識して、不正競争行為にあたらないようにします。

① **他人（他社）の有名な商品名、サービス名、会社名と同一または類似した文字列をドメインにしないように調査する**

　有名な他の会社名などをドメインにすると、周知表示や著名表示にあたって不正競争行為となる可能性が高くなります。

② **自分が使用することに合理的な根拠があるドメインを選ぶ**

　たとえば、自分の氏名、会社名、商品名などであれば、合理的な根拠があると考えられます。そのようなドメインであれば、不正利用を

疑われて裁判になっても、「不正の目的がない」と認められやすくなります。反対に、他人が自分のネットショップの名称をドメインに不正使用するのを防ぐ必要もあります。そのためには、ネットショップの名称を商標登録するとよいでしょう。そうすればドメインをめぐる争いが起きても、ネットショップの名称が保護されやすくなります。

● 法的紛争になった場合にはどうなる

ドメインの不正使用等で営業利益などを侵害された場合は、不正競争防止法に基づき、損害賠償や不正使用等の差止めを求める訴訟を提起できます。ただし、裁判は判決が出るまでに時間がかかり、迅速な解決は期待できません。また、裁判では不正使用等されているドメインの名義を自分（自社）に移すよう請求しても、その請求が認められる可能性は低いといえます。不正競争防止法にはドメインの移転について明文の規定がないからです。なお、ドメインをめぐる紛争は、日本知的財産仲裁センターを利用できます。

■ ドメインのしくみ

第3章 Webサイト開設やドメイン取得をめぐる法律と書式

書式 1　Webサイト制作・保守業務委託契約書

Webサイト制作・保守業務委託契約書

　株式会社○○○○（以下「甲」という）と、株式会社○○○○（以下「乙」という）は、Webサイト制作（以下「本件制作」という）及び保守業務の委託に関し、以下の通り契約（以下「本契約」という）を締結する。

第1条（定義）　本契約上で使用される用語の定義は次の通りとする。
　一　「サーバ」とは、ネットワーク上において、コンピュータからの要求を受け、一括処理をしてファイルやデータ等を提供するコンピュータをいう。
　二　「ドメイン」とは、インターネット上において個々のコンピュータを識別する符号をいう。
　三　「Webサイト」とは、甲の指定するドメイン下に作成され、Webページとしてインターネット上に表示可能にした、一連の文字、画像及び動画等のデータの集合体をいう。
　四　「仕様書」とは、甲の要求を実現するべく、Webサイトを制作する上で必要となる機能、制限事項、技術的実現方法及び運用上の制約事項などの事項が記述された書類をいい、本契約に基づき、乙によって作成されるものをいう。
　五　「プログラム」とは、コンピュータが行うべき処理手順を指示する命令を記述したものをいう。
　六　「コーディング」とは、文字、画像及び動画等のデータを特定のプログラムに置き換えることをいう。
　七　「ブラウザ」とは、Webページを閲覧するため、文字、画像及び動画等のデータをまとまった形で表示するソフトウェアをいう。
　八　「アップロード」とは、ネットワークを通じて、文字、画像及び動画等のデータ並びにファイルをサーバに送信することをいう。

九　「アーキテクチャ」とは、ネットワーク、ソフト及びWebサイトなどの基本設計をいう。

十　「SSLサーバ証明書」とは、Webサイト上において個人情報などを暗号化し、安全に送受信する機能及びWebサイト管理者の身元を確認できる機能をいう。

十一　「リンク」とは、Webサイト及びインターネット上におけるWebページ同士を繋ぐものをいう。

十二　「リンク切れ」とは、Webページ上のリンク部分をクリックしても、リンク先のWebサイトが閲覧できない状態をいう。

十三　「電子メール」とは、ネットワークを通じて行うメッセージ通信をいい、承諾その他の意思の通知は、電子メールが到達した時点で有効な意思表示がなされたものとみなす。

十四　「アクセス」とは、ネットワークを通じて、文字、画像及び動画等のデータの読み出し並びに書き込みを行うことをいう。

十五　「バージョンアップ」とは、機能の向上や不具合の修正等を目的とした改良を行うことをいう。

第2条（目的及び委託の内容）　甲は次の各号に掲げる業務（以下「本件業務」という）を乙に委託し、乙はこれを受託する。

一　本件制作業務（請負契約）

乙が甲に対し、Webサイト設計、デザイン及びコーディングの実施を行う等、別紙に定めた制作業務。

二　保守業務（準委任契約）

乙が甲に対し、前号により制作されたWebサイトに関する継続的な運用指導及び別紙に定めた保守業務。

三　前各号に定める業務の他、乙が必要と判断し、甲が承認を行った業務。

2　本件制作業務におけるWebサイト仕様等の具体的内容は、乙が甲よりヒアリングした事柄に基づき、分析及び要件定義し、これを甲が承認し確定した内容とする。

3　保守業務の受付及び作業は、次に掲げる時間帯に行うものとする。

受付　月曜日から金曜日　　午前9時から午後5時まで。

第3章　Webサイト開設やドメイン取得をめぐる法律と書式　**141**

作業　月曜日から金曜日　　午前9時から午後5時まで。

　また、土曜日、日曜日、国民の祝日、年末年始及び乙が別途定める日も休日とする。

4　前項の時間帯外又は休日に、甲から作業の要請があった場合は、これを翌営業日以降の予約とみなすこととする。

第3条（甲の協力義務）　甲は、本件業務の実施にあたっては、次の事項に留意し、乙に協力するものとする。

　一　甲の本件業務に関する窓口及び協力者となる担当責任者1名の決定

　二　本件業務遂行上必要な情報、社内資料の提供、各書類の記載及び手配

　三　乙が甲の共同作業者を必要とする場合は、その提供及び手配についての協力

　四　その他、本件業務遂行上必要な場所、機器、ソフトウェア及び素材等の提供又は貸与

　五　配送業者、決済代行会社等の手配及びこれらに関する速やかな契約締結

第4条（成果物の引渡し）　乙は、本件制作業務によって完成される成果物（以下「本件成果物」という）を別紙に定めた期限までにアップロードし、動作確認、リンク切れ及び表示チェックなどを行った上、稼働可能な状態にするものとする。ただし、次の各号のいずれか一つに該当する場合、乙は甲に対し本件制作業務の全部又は一部について、完了期限の延長を求めることができる。

　一　第3条に定める作業の遅延又は誤り等によって、本件制作業務の進捗に支障が生じたとき

　二　本件制作業務の変更又は甲による別紙に定めていない追加業務の要求があったとき

　三　天災その他の不可抗力により、期限までに完了できないとき

2　乙が、本件制作業務の仕様、設計等の変更、その他の事由によって期限までに本件成果物を甲に納入できない場合、甲乙協議の上、新たに書面又は電子メールによって定めた期限に変更することができる。

第5条（契約期間）　本契約による検収完了日の翌日より保守業務の委

任契約を開始する。保守業務の委任期間は、保守業務開始日より1年間とする。

2　前項に定めた期間満了の3か月前までに、本契約を更新しない旨の意思表示が書面によってなされないとき、本契約は同一条件でさらに1年間自動的に延長されるものとし、以後も同様とする。

第6条（委託料）　甲が、乙に対して支払う本件制作業務の委託料は別紙に定め、委託料支払時期は次の各号に定める通りとする。

一　着手金は委託料額の50％とし、本契約締結日から7日以内に乙の指定する金融機関口座に甲の手数料負担のもと、振り込む。

二　委託料残額は、検収が完了した日の属する月から翌々月の末日迄に乙の指定する金融機関に甲の手数料負担のもと、振り込む。

2　甲が、乙に対して支払う保守業務委託料は別紙に定める。

3　前項の委託料は、乙が当月分の報酬を翌月25日までに甲に請求し、甲は、請求対象月の翌月末日までに、乙の指定する金融機関口座に甲の手数料負担のもと、振り込むものとする。

4　本件制作の仕様、設計等の変更がなされた場合又は、甲が乙に別紙に定めていない追加業務の遂行を要求した場合、乙は事前に書面又は電子メールにより別紙記載の委託料の変更又は追加料金を通知し、甲が承諾すればこれを請求することができる。ただし、甲が承諾しなかった場合、乙は本件制作の仕様、設計等の変更又は追加業務の遂行の義務を一切負わない。

第7条（費用の取扱い）　乙は、甲に対し本件業務を遂行するために要する費用（Webサイト運用費、登録料、広告料、乙の交通費、出張費及び宿泊費を含む）を、乙が事前に書面又は電子メールによって甲に通知し、甲が承諾したものに限り、別途請求することができる。

2　甲は、前項に関わらず、サーバ費、ドメイン取得費及び維持費並びにSSLサーバ証明費を費用とすることについて承諾する。

第8条（再委託）　乙は、本件制作をするために各業務について適切と判断した第三者（以下「再委託先」という）に、乙の責任において再委託をすることができる。

第9条（資料の保管・管理）　乙は、本契約期間中に限り、本件業務に

第3章　Webサイト開設やドメイン取得をめぐる法律と書式　**143**

必要なID及びパスワードを保有し、サーバ及びアクセス解析画面等にアクセスすることができる。

2　乙は、本件業務に関して甲より提供された一切の資料及び情報並びに貸与された機器を、善良なる管理者の注意義務をもって保管及び管理し、甲の事前の書面又は電子メールによる承諾を得ないで複製又は再委託先以外の第三者への交付を行い、その他本件業務以外の目的に使用してはならない。

3　乙は、甲から提供された資料、情報及び機器等が不要となった場合、本契約が解除された場合、又は甲からの要請があった場合、その資料、情報及び機器等を速やかに処分（貸与された機器等については甲に返却）するものとする。

第10条（秘密保持）　甲及び乙は、本契約の履行に関連して知り得た相手方に関するすべての秘密情報を、相手方の書面又は電子メールによる承諾なくして第三者に開示又は漏えいしてはならない。ただし、法令の定めに基づいて、官公署等から開示の要求があった場合は、開示することができる。

2　前項の秘密情報には、次の各号に掲げる情報を含まない。

一　秘密保持義務を負うことなくすでに保有している情報

二　秘密保持義務を負うことなく第三者から正当に入手した情報

三　相手方から提供を受けた情報によらず、独自で保有していた情報

四　事前に公知となっている情報

3　本件制作にあたって乙が再委託をする場合、乙は本条の秘密保持義務を再委託先に対しても遵守させなければならない。

4　本条の規定は、本契約の終了後又は期間満了後も有効に存続する。

第11条（検収）　甲は、乙から本件成果物の履行を受けた後、別紙に記載する検収期間内に、甲の責任と費用において、本件成果物が確定した仕様の水準に達しているか、及び本契約の趣旨に照らして合理的に期待することができる機能及び品質を有しているかを判定し、署名捺印した書面にて通知する。

2　乙は、前項に基づき甲から検収不合格の通知を受けたときは、本件成果物につき必要な修正を行い、甲乙で別途協議して定める期限まで

に再度納入するものとする。

3　第1項に基づき甲が乙に対し検収合格の通知をし、その通知が乙に到達した時、又は甲が乙から本件成果物の履行を受けた後、別紙に記載する検収期間内に本条第1項の通知を発せず、検収期間を満了した時、本件成果物の検収が完了されたものとみなす。

第12条（不一致の修補責任）　検収完了後、本件成果物に関して、仕様書との不一致（以下「不一致」という）が発見された場合、乙は不一致の修補を行う。

2　前項の修補責任は、検収完了後3か月以内に、甲から請求された場合に限るものとする。

3　第1項の修補責任は、第3条に定める甲の協力義務違反を起因として不一致が生じた場合は適用しない。ただし、乙が甲の協力義務違反を知りながら告げなかったときは、この限りでない。

4　乙は本条に定める不一致の修補の他、本契約による保守業務の継続する限りにおいて修補を行う。

第13条（資料等の返還）　乙は、第11条の検収後、遅滞なく甲から提供された本件成果物に関する一切の資料を甲に返還するものとする。ただし、引き続き保守業務に必要な資料は、この限りではない。

第14条（知的財産権等）　乙は、本件成果物が、知的財産権の侵害、その他の第三者の権利侵害、あるいはこれに類するその他の不正物でないことを保証する。

2　甲及び乙が、本件成果物を運用するにあたって、意図せずして前項に該当する事柄を察知したときは、速やかに相手方に報告すると共に、該当物の利用停止を指示しなければならない。

3　乙が本契約により甲に納入する本件成果物の著作権（著作権法27条及び28条に定める権利を含む）は、第6条の委託料が支払われた日をもって、乙から甲へ移転する。

4　前項の規定には、乙及び再委託先が本件制作前より有していた素材、画像、動画、Webサイト設計、プログラム等は含まないものとする。ただし、甲に著作権が帰属しないこれらの著作物について、乙及び再委託先は甲に対し本件成果物の運用上必要な範囲で利用することを許

第3章　Webサイト開設やドメイン取得をめぐる法律と書式　**145**

諾し、甲は許諾された範囲で無償の利用権を有する。

5　乙は、甲に対して自ら及び再委託先が著作者人格権を一切行使しないことを保証する。

第15条（譲渡禁止）　甲及び乙は、事前に相手方の書面による同意を得た場合を除き、本契約に基づいて発生する一切の権利を第三者に譲渡し、又は担保に供してはならない。

第16条（賠償責任）　甲及び乙は、本契約に基づく債務を履行しないことが原因で、相手方に現実に損害を与えた場合には、本契約の解除の有無に関わらず、運営業務に対する委託料額の12か月分を限度として損害賠償責任を負う。本項には相手方の責めに帰することができない事由による一方的な契約解除を含む。

第17条（免責）　乙は、次の各号につき、一切の責任を負わないものとすることに甲は合意する。

一　乙の予見の有無を問わず、乙の責めに帰することができない事由により生じた損害に対する責任、間接的、二次的、付随的及び懲罰的な損害賠償責任並びに利益又は売上の損失に対しての責任

二　本件成果物の公開による、第三者から訴えの提起、閲覧者からのクレーム

三　サーバメンテナンス、その他の乙による管理が及ばない理由によるWebサイトの不具合

四　本件成果物による売上、問い合わせ、アクセス数及び検索エンジン上位表示

第18条（不可抗力）　甲及び乙は、天災地変、戦争、内乱、暴動、ストライキ、労働争議、社会的大変動、法令の改廃及びその他の本契約に重大な影響を与えると認められる事由など、双方いずれの責めに帰することができない不可抗力によることが明らかであるときは、本契約の不履行とはせず、その責めを負わないものとする。

第19条（契約の解除及び期限の利益の喪失）　甲及び乙は、相手方が次の各号に該当した場合には、予告なく本契約の全部又は一部を解除することができる。

一　相手方が当事者一方に対する料金支払債務、その他一切の債務に

ついて弁済を怠ったとき

二　差押、仮差押、仮処分、公売処分、租税滞納処分及びその他公権力の処分を受けたとき、民事再生手続きの開始、会社更生手続きの開始、破産手続きの開始若しくは競売を申し立てられたとき、又は自ら民事再生手続きの開始、会社更生手続きの開始若しくは破産手続きの開始の申立てを行ったとき

三　監督官庁により営業停止の処分、又は営業免許若しくは営業登録の取消の処分を受けたとき

四　資本の減少、営業の廃止若しくは変更又は解散の決議をしたとき

五　自ら振り出し、又は引き受けた手形又は小切手につき、不渡り処分を受ける等、支払停止状態に至ったとき

六　本契約の条項に違反し、当事者一方が相当な期間を定めて催告したにも関わらず、なおその期間内に違反を是正しないとき

七　その他、財産状況が悪化し、又はそのおそれがあると認められる相当の事由があるとき

八　刑法上の犯罪行為、民事上の不法行為、その他法令・公序良俗に反する行為が認められたとき

九　当事者一方の信用を著しく毀損する行為又は背信的と認められる行為を行ったとき

2　前項各号の場合に該当した者は、相手方に対し負っている債務について期限の利益を失い、直ちに債務の全部を一括して弁済しなければならない。

第20条（準拠法、合意管轄）　本契約の準拠法については日本法が適用されるものとする。

2　甲及び乙は、本契約に関して万一紛争が生じた場合は、○○裁判所を第一審の専属的合意管轄裁判所とすることに合意する。

第21条（協議）　本契約に定めのない事項又は本契約の条項の解釈に疑義が生じた事項については、甲乙協議の上、円満解決を図るものとする。

以上、本契約成立の証として、本契約書を2通作成し、甲乙署名又は記名押印の上、各々1通を保有する。

第3章　Webサイト開設やドメイン取得をめぐる法律と書式　**147**

平成○○年○月○日

　　　　　　　　（甲）○○県○○市○○町○丁目○番○号
　　　　　　　　　　　株式会社○○○○
　　　　　　　　　　　代表取締役　　　○○○○　　㊞
　　　　　　　　（乙）○○県○○市○○町○丁目○番○号
　　　　　　　　　　　株式会社○○○○
　　　　　　　　　　　代表取締役　　　○○○○　　㊞

Ｐｏｉｎｔ

1　どんな契約なのか

　本書式は、さまざまなWebサイトに関する制作業務や保守業務で利用できるように作成しています。Webサイトの委託契約では、どの業務が請負契約、どの業務が（準）委任契約なのかを明示します（第2条）。請負契約は成果物の引渡し時にはじめて対価を得られる契約です。一方、（準）委任契約は業務を遂行する行為自体に対価が発生するのが基本です（平成29年改正民法では、成果物の引渡し時に報酬を支払う成果完成型の委任契約が明文化されています）。なお、準委任契約は法律行為（契約など）以外の行為を委託する契約です。これらの違いは第6条にも現れています。また、本書式例は、印紙税法の第2号文書（請負に関する契約書）に該当します。制作業務委託料が200万円であれば、2,000円分の収入印紙を貼付します。

2　Webサイト制作・保守業務に固有の問題

　Webサイト制作・保守業務に関する特徴的な規定は次の通りです。なお、Webサイト制作に限らず、ITに関する契約書では、用語の解釈違いの問題が生じないように、定義を詳細に記載します（第1条）。

①　成果物（完成物）の考え方

　Webサイトの制作請負は無形の成果物の完成を目的とするので、建設工事の請負契約などとは違った問題が生じます。そこで、成果物の引

渡しとは、どのような状態を指すのかを明示します（第4条）。さらに、制作業務の前提となる「仕様書（第1条第4号）」を事前に作成しておき、何をもって完成として取り扱うかを決めておきます。これは当事者が完成をイメージするための設計図といえます。一般的には、納入された成果物と仕様書を比較して「合理的に期待することができる機能及び品質を有しているか」を判断します（第11条第1項）。

② 仕様書の内容

ITに関する契約書は「仕様書が命」といっても過言ではありません。仕様書の内容は実務上も紛争が起こりやすい事柄です。前述したようにWebサイトの仕様書は「完成をイメージするための設計図」であることが大前提です。仕様書には「サイトの制作趣旨」「閲覧者のターゲット層」「サイト構成図（リレーションを含む）」「デザインの仕様」「使用プログラムの詳細」「ファイル名・データベースの命名規則」「テキストなどの表記規則」などは、最低限盛り込む必要があります。通常は「使用するドメイン」「対応環境（ブラウザやサーバ環境など）」なども明示しますが、仕様書の内容が膨大になる場合もあるため、本書式例のように「別紙」に記載する方法をとってもよいでしょう。

③ 当事者の責任

請負契約であっても、委任契約であっても、受注者の責任を定めるのではなく、発注者の責任も定めることが大切です（第3条）。たとえば、成果物の納入が遅れた場合、それが全面的に受注者の問題ではなく、発注者の問題である場合も多々あります。そこで、委託内容の遂行にあたって必要になる事項を詳細に規定し、これに対する発注者の義務が果たされていない場合に、受注者の責任が免除（または軽減）される規定を設けます（第4条第1項第1号、第12条第3項）。

逆に、発注者に有利な規定として、本書式例では「不一致の修補責任」を設けています（第12条）。修補責任とは、成果物を引き渡した後に不具合が発生した場合、いつまで修補する義務があるかを定めたものです。平成29年改正民法では、請負人の瑕疵担保責任に関する規定が削除され、原則として売買契約の売主の「契約不適合責任」に関する規定が準用されます。したがって、請負契約の成果物が契約の内容に照ら

して適合しない（契約不適合）場合、注文者には請負人に対する権利として、追完請求権、報酬減額請求権、損害賠償請求権、契約解除権が発生します。修補責任は追完請求権に含まれます。

また、平成29年改正民法では、契約不適合責任の追及期間が引渡しの時から10年または契約不適合を知った時から5年となりますが、この追及期間は特約により伸長・短縮が可能です。Webサイトの制作請負について10年（5年）の追及期間は長すぎるので、本書式例のように数か月〜6か月程度とするのが通常です。これは商事売買の契約不適合責任の追及期間が6か月であることに由来します。

なお、平成29年改正民法は、請負人の契約不適合責任が制限される場合に関して規定しています。具体的には、成果物の契約不適合の原因が、注文者が供した材料の性質に基づく場合、または注文者の与えた指図によって生じた場合、注文者は契約不適合責任を追及することができません。ただし、請負人がその材料や指図が不適当であることを知りながら、注文者に告げなかった場合には、注文者は契約不適合責任を追及することができます。また、請負人がすでに行った仕事の結果のうち、可分な部分を注文者に給付することで注文者が利益を受けるときは、当該部分を仕事の完成とみなします。その上で、完成したとみなした当該部分に関して、請負人は、注文者が受ける利益の割合に応じて報酬請求権を行使できることも規定しています。

④　知的財産権の取扱い

無形の成果物は知的財産の権利関係が問題になります。Webサイトの場合、特に重要なのは著作権ですが、導入するプログラムの内容によっては技術やアイデアを保護する特許権も問題になります。営業秘密やブランドなどの問題も考えられます。本書式例では、第14条で知的財産に関して総括的に規定しています。そして、基本的なWebサイトの著作権（著作財産権）はすべて発注者に移転する「買い取り形式」を採用しています（第3項）。この場合、「著作権法27条及び28条に定める権利を含む」と記載し、翻案権や二次的著作物の利用権なども移転するよう明示する必要があります（著作権法61条）。

書式 2 Webサイト素材使用許諾契約書

CD-ROM売買に伴うWebサイト素材使用許諾契約書

　○○株式会社（以下「甲」という）及び××株式会社（以下「乙」という）は、甲が著作権を保有する著作物を固定（収録）した媒体（以下「本CD-ROM」という）を売買することに関する契約（以下「本契約」という）を以下の通り締結する。

第1条（目的） 甲及び乙は、本契約の目的は、甲が乙に対し、本CD-ROMを販売するものであり、本CD-ROMに固定された著作物（以下「本素材」という）の著作権を譲渡するものではないことを、相互に確認する。

第2条（使用許諾） 甲は乙に対し、本素材を、本契約に定める条件で使用することを許諾する。

第3条（本素材の内容） 本素材は、画像（以下「本件画像」という）、写真（以下「本件写真」という）、及びイラストレーション（以下「本件イラスト」という）からなる。

第4条（本件画像） 本件画像（gif形式、png形式）は、次の各号に定めるものをいう。

　一　ボタン画像　30点

　二　メニュー画像　50点

　三　バナー用画像　30点

　四　見出し用画像　50点

　五　背景画像　30点

　六　カウンター用画像　20点

第5条（本件写真） 本件写真（jpg形式）は、次の各号に定めるものをいう。

　一　風景（空、海、森、高原、湖、山、草原等）　100点

　二　国・地域（海外のスポット、国内のスポット、国旗等）　100点

　三　季節（春の花見等、夏のビーチ等、秋の紅葉等、冬の雪景色等、クリスマス、正月等）　50点

第3章　Webサイト開設やドメイン取得をめぐる法律と書式　**151**

四　植物（花、草花、葉、樹木等）　50点

五　動物（犬、猫、鳥、野獣等）　50点

六　人物（ファミリー、子ども、外国人、人々等）100点

七　建物（ビル、洋館、日本建築、古民家等）50点

第6条（本件イラスト）本件イラスト（gif形式、jpg形式、png形式）は、次の各号に定めるものをいう。

一　インフォメーション・イラスト（漫画、カット）　200点

二　テクニカル・イラスト（コンピュータグラフィックス、手描き）100点

三　３Ｄイラスト（コンピュータグラフィックス、手描き）　50点

四　水彩画　30点

五　鉛筆画　30点

六　その他（切り紙、貼り絵、影絵等）　50点

第7条（著作権等）本素材の著作権（著作権法27条及び28条に規定する権利を含む）は、甲に帰属するものとする。

2　本契約は、甲が乙に対し、本素材に関連する著作権その他一切の権利を譲渡するものではなく、第三者に使用を許諾する権限を付与するものではない。

第8条（本素材の利用）乙は、本素材を非排他的・非独占的に利用することができる。

2　乙は、本素材を、本契約第9条に定める禁止行為に該当しない範囲において、自らのWebサイト（Webページ、ブログ、メールマガジン、ＳＮＳ等を含む）、広告宣伝用印刷物、商品パッケージ等にデザインの一部として利用できる。

第9条（禁止行為）乙は、次の各号に定める行為を行ってはならない。

一　本素材を、そのまま、若しくは複製・加工を行い、独立した商品・サービスとして販売し、又は営利・非営利を問わず公衆送信等を利用して提供すること

二　本素材を、第三者が使用又はダウンロードできる方法・状態で利用すること

三　本素材を、公序良俗に反する方法で使用し、又は公序良俗に反す

る活動・業務のために利用すること

四　本素材を、商標権・意匠権・特許権・著作権をはじめとする知的
　　財産権として登録・出願・登記等すること

五　本件写真の被写体（人物、風景、建造物等を含むすべて）の信
　　用・品位・名誉を毀損する方法・状態で利用すること

第10条（支払と納品）乙は甲に対し、本CD-ROMの代金として、金○
　○円也（消費税別途）を、○年○月○日までに甲の指定する口座に振
　り込み、支払う。なお、振込に要する手数料は乙の負担とする。

2　甲は、前項の乙による支払完了を確認後10日以内に、本CD-ROM
　を乙に納品するものとする。なお、配送に要する費用は前項に定める
　本CD-ROMの代金に含まれるものとする。

第11条（保証）甲は乙に対し、本素材が、第三者の著作権その他知的
　財産権を含むすべての権利を侵害しないことを保証する。

第12条（免責）甲は乙に対し、本素材の使用により、乙又は第三者に発
　生した事故、障害その他損害に関し、一切の責任を負わない。

2　甲は乙に対し、乙が本素材を使用したことにより第三者との間で発
　生した紛争に関し、一切の責任を負わない。

3　甲は乙に対し、本素材の正確性・真実性・正当性に関し、一切の責
　任を負わない。

4　甲は乙に対し、本CD-ROMの物理的な欠陥・不具合については、
　良品との交換をもって応じる他、一切の責任を負わない。

第13条（有効期間）本契約の有効期間は、本契約締結の日から本素材
　の著作権存続期間満了の日までとする。

第14条（契約解除等）甲又は乙は、相手方が次の各号のいずれかに該
　当した場合は、直ちに本契約を解除することができる。

一　本契約の条項に違反したとき

二　本契約に違反すると思われる場合に、相当の期間を定めて是正を
　　勧告したにも関わらず、当該期間内に是正を行わないとき

三　営業停止、営業取消等の行政処分を受けたとき

四　税の納付に関し、滞納処分を受けたとき

五　差押、仮差押、仮処分等を受けたとき

第3章　Webサイト開設やドメイン取得をめぐる法律と書式　**153**

六　手形又は小切手につき不渡り処分を受けたとき

七　破産、民事再生若しくは会社更生の手続開始の申立を行ったとき、又はこれらの申立が第三者からなされたとき

八　会社の組織について、解散、合併、会社分割、又は事業の全部若しくは重要な一部の譲渡を決議したとき

2　甲又は乙が、前項各号のいずれかに該当した場合は、相手方に対する一切の債務について、当然に期限の利益を失い、直ちに相手方に弁済しなければならない。

3　第1項に基づいて本契約が解除された場合、第1項各号のいずれかに該当した当事者は、解除権を行使した相手方に対して、本契約の解除により相手方が被った損害を賠償するものとする。

4　乙が本契約に違反して本契約が解除されたときは、甲は乙に対し、直ちに本素材の使用を差し止めることができる。

第15条（損害賠償）甲又は乙が本契約の条項に違反し、相手方に損害を与えたときには、違反した当事者は、損害を被った相手方に対してその損害を賠償するものとする。

第16条（裁判における合意管轄）甲及び乙は、本契約より生じる紛争の一切につき、甲の本店所在地を管轄する地方裁判所を第一審の専属的管轄裁判所とすることに合意する。

第17条（双方協議）本契約に定めなき事項又は本契約の条項に解釈上の疑義を生じた事項については、甲乙協議の上、解決するものとする。

　本契約の成立を証するため、本書2通を作成し、甲乙署名又は記名押印の上、各1通を保有するものとする。

　平成○○年○月○日

（甲）東京都○○市××○丁目○番○号

○○株式会社

代表取締役　　○○○○　　㊞

（乙）○○県○○市○○町○丁目○番○号

××株式会社

代表取締役　　○○○○　　㊞

1 どんな契約なのか

　ネット通販サイトなどのWebサイト（ホームページ）を制作する上で必要となる画像・写真・イラスト・動画など（著作物）が収録された媒体（CD-ROM等）を売買する場合に締結される契約書です。この場合、購入した側は「金を払ったので、収録された著作物はすべて自由に使える」と考えるかもしれませんが、誤った解釈です。購入したのはCD-ROMという物品の所有権であって、収録されている著作物の著作権ではありません。著作物を利用する権利が許諾されただけです。そのため、まず第1条において「CD-ROMに収録された著作物の著作権そのものが譲渡されるものではない」ことを明示的に規定しています。したがって、本書式例は、CD-ROMの購入者が使用できる範囲を明確にするために結ばれるものだといえます。

2 保証（第11条）

　販売者が、CD-ROMの購入者に対して、使用許諾した著作物には著作権などの侵害がないことを保証する規定です。著作権などの侵害があれば、購入者は販売者の責任を追及できます。そのため、販売者はこのような保証規定を入れたがりませんが、逆に購入者としてはぜひとも入れたい規定だということになります。

3 契約期間（第13条）

　契約期間が決められていないと、法律上はいつでも契約を中途解約できるのが原則です。Webサイトで実際に使用中の素材について、販売者から、いきなり中途解約されて使えなくなることがあれば、購入者としてはサイトの運営上大変な支障をきたすことになります。

　特に本書式例のように「売買」（CD-ROM等の購入）により素材集を購入する際には、購入者としては、特別の事情（第14条参照）がない限り、素材を長期間使用できることが重要です。たとえば、本条のように規定されていれば、購入者は、著作物（素材）を実際には半永久的に使えることになります。

第3章　Webサイト開設やドメイン取得をめぐる法律と書式　**155**

書式 3　Webサイト譲渡契約書

Webサイト譲渡契約書

　○○株式会社（以下「甲」という）及び××株式会社（以下「乙」という）は、甲の保有する、健康食品の通信販売ネットショップのWebサイト（以下「本サイト」という）を乙に譲渡することに関する契約（以下「本契約」という）を以下の通り締結する。

第1条（目的）甲は乙に対し、本サイトを、平成○○年○月○日を譲渡日（以下「本譲渡日」という）として譲渡し、乙はこれを譲り受ける。

第2条（本サイト）甲が乙に対し譲渡する本サイトは、次の通りである。

記

　本サイト名：「おいしく健康ケア　○○」

　URL：https://www.○○.com

　ドメイン：○○.com

第3条（譲渡資産）甲は乙に対し、本サイトに属する次の資産を譲渡する（以下これらの資産を「譲渡資産」という）。

　一　本サイトのドメインの使用に関するすべての権利

　二　本サイトに関するすべてのプログラム（ソースコードを含む）、データ、デザイン、画像及び文章等

　三　本サイトの運営上甲が保有する著作権（著作権法27条及び28条に規定する権利を含む）、商標権及び意匠権等の産業財産権を含むすべての知的財産権。ただし、譲渡のために必要な登録手続き等に要する費用は甲の負担とする。

　四　本サイトに関し甲が保有する会員情報

第4条（契約上の地位の移転）甲は乙に対し、本サイトの運営上締結している次の契約上の地位を移転する。

　一　本サイトのドメインに関するすべての契約

　二　本サイトの決済システムに関するすべての契約

　三　本サイトの広告主とのすべての契約

四　前各号の他、乙が指定する契約

第５条（引渡方法） 甲は乙に対し、甲乙両者協議の上で定める方法により、第３条に定める資産、及び第４条に定める契約上の地位を引き渡すものとする。

２　前項に関わらず、甲は乙に対し、次の各号を履行することを、あらかじめ承諾する。

　　一　甲は、本譲渡日前に、乙の希望する日から、乙の担当者（以下「乙担当者」という）に対して、本サイトの運営に関する指導・教育を誠実に行うこと

　　二　甲は、本譲渡日前に、乙が希望する場合、乙担当者を本サイトを運営する甲の事業所に立ち入らせ、実際の運営状況を確認させること

　　三　甲は乙に対し、本サイトに関するデータ、運営マニュアル等を乙の希望する媒体で引き渡すこと

　　四　甲は乙に対し、本サイトの運営に関して必要とする名義、許認可、登録等に関する移転及び登録等の手続きについて、最大限協力すること

第６条（検収） 乙は、本譲渡日以降、本サイト並びに本サイトに関するデータ及び運営マニュアル等を速やかに検査し（以下「検収」という）、合格とした場合のみ受け入れる。

２　甲は、検収の結果、乙が不合格とした場合、自らの負担で速やかに修補するものとする。

３　乙が甲に対し、本譲渡日から30日を経過しても、合否について何らの通知もしないときは、検収に合格したものとみなす。

４　検収完了日から１年を経過する前に、乙が本サイトに不具合を知った場合、乙は甲に対し当該不具合の修補を請求することができ、甲は当該不具合を修補しなければならない。

第７条（譲渡価格） 乙は甲に対し、本サイト譲渡の対価（以下「本対価」という）として、金○○円也（消費税別途）を支払うものとする。

２　乙は、本対価を、前条に定める検収完了の日から10日以内に、甲の指定する口座に振り込んで支払うものとする。なお、振込に要する手数料は乙の負担とする。

第３章　Webサイト開設やドメイン取得をめぐる法律と書式　**157**

第8条 （所有権・利用権及び危険負担の移転）本譲渡日をもって、譲渡資産の所有権及び利用権は、甲から乙へ移転する。

2 本譲渡日前に生じた譲渡資産の滅失、毀損、その他すべての損害は、乙の責めに帰すべき事由による場合を除き甲の負担とし、本譲渡日後に生じた当該損害は、甲の責めに帰すべき事由による場合を除き乙の負担とする。

第9条 （善管注意義務）甲は、本契約締結から本譲渡をするまで、善良なる管理者の注意義務をもって、本サイトを通常の状態に保持し、運営を継続しなければならない。

2 甲は、本契約締結から本譲渡をするまで、本サイトの譲渡を制約する可能性のある行為を一切行ってはならない。

3 甲は、本契約締結から本譲渡をするまでに本サイトに重要な変更を行おうとする場合、事前の書面による乙の承諾を得なければならない。

第10条 （競業避止義務）甲は、本サイト内で取り扱う商品・サービスと同様又は類似した商品・サービスを取り扱う通信販売事業（インターネットにおける通信販売に限らない）を、本譲渡日から3年間行うことはできない。

第11条 （秘密情報の取扱い）甲及び乙は、互いに、本契約に基づき知得した相手方の営業上又は技術上の秘密については、以下の各号のいずれかに該当するものを除き、本契約期間中及びその終了後も、相手方の書面による許諾なく第三者に開示、漏えいしてはならない。

一 自らの責めによらずに公知となった情報

二 権限ある第三者から知得した情報

三 相手方から開示される前から合法的に所有している情報

四 独自に開発した情報

五 権限ある裁判所又は行政機関から提出を命じられた情報

六 法令、条例等の定めるところにより開示された情報

第12条 （個人情報の取扱い）甲及び乙は、本サイトの会員情報をはじめとする個人情報の保護の重要性を認識し、本契約の履行にあたって、個人の権利・利益を侵害することのないよう、個人情報の取扱いを適正に行わなければならない。

2　甲は、本譲渡日以降、本サイトの会員情報を保有し、又は利用してはならない。

第13条（契約解除）甲又は乙は、相手方が次の各号に該当した場合は、何らの催告を要せず、直ちに本契約を解除することができる。

一　本契約の条項に違反したとき

二　本契約に違反すると思われる場合に、相当の期間を定めて是正を勧告したにも関わらず、当該期間内に是正を行わないとき

三　営業停止、営業取消等の行政処分を受けたとき

四　税の納付に関し、滞納処分を受けたとき

五　差押、仮差押、仮処分等を受けたとき

六　手形又は小切手につき不渡り処分を受けたとき

七　破産、民事再生又は会社更生の手続開始の申立てを行ったとき、又はこれらの申立てが第三者からなされたとき

八　会社の組織について、解散、合併、会社分割、又は事業の全部又は重要な一部の譲渡を決議したとき

2　甲又は乙が、前項各号のいずれかに該当した場合は、相手方に対する一切の債務について、当然に期限の利益を失い、直ちに相手方に弁済しなければならない。

3　第1項に基づいて本契約が解除された場合、第1項各号のいずれかに該当した当事者は、解除権を行使した相手方に対して、本契約の解除により相手方が被った損害を賠償するものとする。

第14条（損害賠償）甲又は乙が本契約の条項に違反し、相手方に損害を与えたときには、違反した当事者は、損害を被った相手方に対してその損害を賠償するものとする。

第15条（不可抗力）甲及び乙は、本契約の不履行が次の各号のいずれかに定める不可抗力による場合、その事由の継続する期間に限り、相手方に対し、その不履行の責任を免れるものとする。

一　天災地変

二　戦争及び内乱

三　暴動

四　伝染病の蔓延

五　法令・条例等の制定・改変

　　六　公権力による命令・処分・指導

　　七　火災及び爆発

　　八　ストライキ・ロックアウト等の争議行為

　　九　通信回線等の事故

　　十　その他甲及び乙の責めに帰することが不可能であり、かつ甲及
　　　び乙が支配することが不可能な事態

第16条（裁判における合意管轄）甲及び乙は、本契約より生じる紛争
　の一切につき、○○地方裁判所を第一審の専属的管轄裁判所とする
　ことに合意する。

第17条（双方協議）本契約に定めなき事項又は本契約の条項に解釈上
　の疑義を生じた事項については、甲乙両者協議の上、解決するもの
　とする。

　　本契約の成立を証するため、本書２通を作成し、甲乙署名又は記名
　押印の上、各１通を保有するものとする。

　平成○○年○月○日

　　　　　　　　　　　　（甲）○○県○○市○○町○丁目○番○号
　　　　　　　　　　　　　　　　○○株式会社
　　　　　　　　　　　　　　　代表取締役　　○○○○　　㊞
　　　　　　　　　　　　（乙）○○県○○市○○町○丁目○番○号
　　　　　　　　　　　　　　　　××株式会社
　　　　　　　　　　　　　　　代表取締役　　○○○○　　㊞

Ｐｏｉｎｔ

1　どんな契約なのか

　ネット通販サイトなどのWebサイト（ホームページ）を他人に譲渡
（売買など）する場合に締結される契約書です。

2 Webサイトの特定 (第2条)

　譲渡側 (売主)、譲受側 (買主) 双方にとって、どのWebページを売買の対象とするのかを特定することが第一のステップです。

3 譲渡資産 (第3条)

　Webサイトを譲り受けて、たとえば、ネットショップの運営をそのまま継続するということは、そのWebサイトを丸ごと譲り受けることを意味します。譲り受ける資産の中身 (権利義務関係) が何であるのかを明確にしなければなりません。

　ここで取り上げた、①ドメインに関する権利、②プログラム・データ・デザインなどのコンテンツに関する権利、③著作権、④会員情報の4つは、Webサイトを構成する不可欠な要素といえるものです。特に譲り受ける側 (買主) にとっては、この規定はWebサイト譲渡契約の最も重要な部分といえます。

4 引渡方法 (第5条)

　第3条 (譲渡資産) が権利義務関係を明確にするものだとすると、第5条はWebサイトを譲受側に引き渡す方法を明確にしておくものです。実務上、Webサイトの引渡しをスムーズに行い、その後の運営上のトラブルを最小限にするための規定といえるでしょう。

5 善管注意義務 (第9条)

　譲渡契約締結日から譲渡日までは、一定の期間が空きます。その間に譲渡側がWebサイト運営に熱意を失い、いい加減な対応をしたり、Webサイトに担保設定を行ったりするのを防ぐための条項です。

6 競業避止義務 (第10条)

　あるネットショップを買収するのは、そのWebサイトがユーザーに人気があって、一定の売上が見込めるからです。ところが、譲渡側が同じような通販店を立ち上げたらどうでしょうか。有力な競合店があるために、せっかく譲り受けた側のショップの売上は、想定を大きく下回ることになるでしょう。そうした競合行為を一定期間禁止するための規定です。

書式 4 ECサイト制作・運営業務委託契約書 （レベニューシェア方式）

ECサイト制作・運営業務委託契約書

　株式会社○○○○（以下「甲」という）と、株式会社○○○○（以下「乙」という）は、ECサイト制作（以下「本件制作」という）及び運営業務の委託に関し、以下の通り契約（以下「本契約」という）を締結する。

第1条（定義）　本契約上で使用される用語の定義は次の通りとする。

一　「サーバ」とは、ネットワーク上において、コンピュータからの要求を受け、一括処理をしてファイルやデータ等を提供するコンピュータをいう。

二　「ドメイン」とは、インターネット上において個々のコンピュータを識別する符号をいう。

三　「Webサイト」とは、甲の指定するドメイン下に作成され、Webページとしてインターネット上に表示可能にした一連の文字、画像及び動画等のデータの集合をいう。

四　「ECサイト」とは、インターネット上において、ショッピングカートや決済システムを備える商品の販売に特化したWebサイトをいう。

五　「仕様書」とは、甲の要求を実現するべく、Webサイトを制作する上で必要となる機能、制限事項、技術的実現方法及び運用上の制約事項等の事項が記述された書類をいい、本契約に基づき、乙によって作成されるものをいう。

六　「プログラム」とは、コンピュータが行うべき処理手順を指示する命令を記述したものをいう。

七　「コーディング」とは、文字、画像及び動画等のデータを特定のプログラムに置き換えることをいう。

八　「ブラウザ」とは、Webページを閲覧するため、文字、画像及び動画等のデータをまとまった形で表示するソフトウェアをいう。

九　「アップロード」とは、ネットワークを通じて、文字、画像及び動

画等のデータ並びにファイルをサーバに送信することをいう。

十　「アーキテクチャ」とは、ネットワーク、ソフトウェア及びWebサイトなどの基本設計をいう。

十一　「SSLサーバ証明書」とは、Webサイト上において個人情報などを暗号化し、安全に送受信する機能及びWebサイト管理者の身元を確認できる機能をいう。

十二　「リンク」とは、Webサイトやインターネット上におけるWebページ同士を繋ぐものをいう。

十三　「リンク切れ」とは、Webページ上のリンク部分をクリックしても、リンク先のWebサイトが閲覧できない状態をいう。

十四　「電子メール」とは、ネットワークを通じて行うメッセージ通信をいい、承諾その他の意思の通知は到達した時点で有効な意思表示がなされたものとみなす。

十五　「アクセス」とは、ネットワークを通じて、文字、画像及び動画等のデータの読み出し並びに書き込みを行うことをいう。

十六　「バージョンアップ」とは、機能の向上や不具合の修正等を目的とした改良を行うことをいう。

第2条（目的及び委託の内容）　甲は、商品の販売促進を実現するため、次の各号に掲げる業務（以下「本件業務」という）を乙に委託し、乙はこれを受託する。

一　本件制作業務（請負契約）

　乙が、甲に対しECサイト設計、デザイン及びコーディングの実施を行う等、別紙に定めた制作業務。

二　運営業務（準委任契約）

　前号により制作されたECサイトについて、乙による別紙に定めたECサイトの運営及び保守業務。なお、別紙に記載されていない顧客対応、在庫管理、梱包、発送等の業務はすべて甲が行うものとする。

三　前各号に定める業務の他、乙が必要と判断し、甲が承認を行った業務。

2　本件制作業務におけるECサイト仕様等の具体的内容は、乙が甲よりヒアリングした事柄に基づき、分析及び要件定義し、これを甲が承

第3章　Webサイト開設やドメイン取得をめぐる法律と書式　**163**

認し、確定した内容とする。

3　運営業務の受付及び作業は、次に掲げる時間を基本時間とし、土曜日、日曜日、国民の祝祭日、年末年始及び乙が別途定める日は基本時間外とする。

受付　月曜日から金曜日　午前9時から午後5時まで。

作業　月曜日から金曜日　午前9時から午後5時まで。

4　前項の基本時間帯外に、顧客からの問い合わせ、注文又は甲から作業の要請があった場合は翌営業日以降、速やかに対応しなければならない。ただし、業務繁忙期や緊急対応の必要性から基本時間外の作業を必要とする場合、甲乙間で別途、作業単価等を定めた覚書を作成し、業務遂行することとする。なお、基本時間外における覚書作成は、本契約締結後に行う。

第3条（甲の協力義務）　甲は、本件業務の実施にあたっては、次の事項に留意し乙に協力するものとする。

一　甲の本件業務に関する窓口及び協力者となる担当責任者1名の決定

二　本件業務遂行上必要な情報（商品詳細、商品画像、イベント情報及び在庫情報を含む）並びに社内資料の提供、各書類の記載及び手配

三　乙が甲の共同作業者を必要とする場合は、その提供及び手配についての協力

四　その他、本件業務遂行上必要な場所、機器、ソフトウェア及び素材等の提供又は貸与

五　配送業者、決済代行会社等の手配及びこれらに関する速やかな契約締結

第4条（制作の期限）　乙は、本件制作業務によって完成される成果物（以下「本件成果物」という）を別紙に定めた期限までにアップロードし、動作確認、リンク切れ及び表示チェックなどを行った上、稼働可能な状態にするものとする。ただし、次の各号のいずれかに該当する場合、乙は甲に対し本件制作業務の全部又は一部について、完了期限の延長を求めることができる。

一　第3条に定める作業の遅延又は誤り等によって、本件制作業務の進捗に支障が生じたとき

二　本件制作業務の変更又は甲による別紙に定めていない追加業務の要求があったとき

三　天災その他の不可抗力により、期限までに完了できないとき

2　乙が、本件制作業務の仕様、設計等の変更、その他の事由によって期限までに本件成果物を甲に納入できない場合には、甲乙協議の上、新たに書面又は電子メールによって定めた期限に変更することができる。

第5条（契約期間）　本契約による検収完了日の翌日より、保守業務の委任契約を開始する。保守業務の委任期間は、保守業務開始日より1年間とする。

2　前項に定めた期間満了の3か月前までに、本契約を更新しない旨の意思表示が書面によってなされないとき、本契約は同一条件でさらに1年間自動的に延長されるものとし、以後も同様とする。

第6条（委託料）　甲が、乙に対して支払う本件制作業務の委託料は別紙に定める。

2　前項の委託料支払時期は、本契約締結日から7日以内に乙の指定する金融機関口座に甲の手数料負担のもと、振り込むものとする。

3　本件制作の仕様、設計等の変更がなされた場合又は甲が乙に、別紙に定めていない追加業務の遂行を要求した場合、乙は事前に書面又は電子メールにより別紙記載の委託料の変更又は追加料金を通知し、甲が承諾すればこれを請求することができる。ただし、甲が承諾しなかった場合、乙は本件制作の仕様、設計等の変更又は追加業務の遂行の義務を一切負わない。

第7条（収益の分配）　甲は、本事業により得た収益金額に20％を乗じて算出した金額（以下「分配金」という）を乙に分配する。なお、この分配金を計算するにあたって消費税は含めず、1円未満の場合は切り捨てる。

2　前項に規定する収益金額は、注文が確定した時点で計上し、返品及び交換があった場合も収益金額から減算せず、甲の負担とする。

3　甲は、毎月末日締めにて分配金を算出し、翌月10日までに乙に報告する。分配金が1万円を超えない月は、当該分配金を翌月以降に繰り越すものとし、この旨を報告する。

第3章　Webサイト開設やドメイン取得をめぐる法律と書式　**165**

4 前項の報告を受けた乙は、報告に基づき請求書を発行し、甲は、当該請求書に基づいて、請求月の翌月末日までに別紙に定める乙の指定する金融機関口座に甲の手数料負担のもと、振り込むものとする。

第8条（費用の取扱い）　乙は、甲に対し本件業務を遂行するために要する費用（Webサイト運用費、登録料、広告料、乙の交通費、出張費及び宿泊費を含む）を、乙が事前に書面又は電子メールによって甲に通知し、甲が承諾したものに限り、別途請求することができる。

2　甲は、前項に関わらず、サーバ費、ドメイン取得費及び維持費並びにSSLサーバ証明費を費用とすることについて承諾する。

第9条（再委託）　乙は、本件制作をするために各業務について適切と判断した第三者（以下「再委託先」という）に、乙の責任において再委託をすることができる。

第10条（資料の保管・管理）　乙は、本契約期間中に限り、本件業務に必要なID及びパスワードを保有し、サーバ及びアクセス解析画面等にアクセスすることができる。

2　乙は、本件業務に関して甲より提供された一切の資料及び情報並びに貸与された機器を、善良なる管理者の注意義務をもって保管及び管理し、甲の事前の書面又は電子メールによる承諾を得ないで複製又は再委託先以外の第三者への交付を行い、その他本件業務以外の目的に使用してはならない。

3　乙は、甲から提供された資料、情報及び機器等が不要となった場合、本契約が解除された場合、又は甲からの要請があった場合、その資料、情報及び機器等を速やかに処分（貸与された機器等については甲に返却）するものとする。

第11条（秘密保持）　甲及び乙は、本契約の履行に関連して知り得た相手方に関するすべての秘密情報を、相手方の書面又は電子メールによる承諾なくして、第三者に開示又は漏えいしてはならない。ただし、法令の定めに基づいて、官公署等から開示の要求があった場合は、開示することができる。

2　前項の秘密情報には、次の各号に掲げる情報を含まない。

一　秘密保持義務を負うことなくすでに保有している情報

二　秘密保持義務を負うことなく第三者から正当に入手した情報

三　相手方から提供を受けた情報によらず、独自で保有していた情報

四　事前に公知となっている情報

3　本件制作にあたって乙が再委託をする場合、乙は本条の秘密保持義務を再委託先に対しても遵守させなければならない。

4　本条の規定は、本契約の終了後又は期間満了後も有効に存続する。

第12条（検収）　甲は、乙から本件成果物の履行を受けた後、別紙に記載する検収期間内に、甲の責任と費用において、本件成果物が確定した仕様の水準に達しているか、及び本契約の趣旨に照らして合理的に期待することができる機能及び品質を有しているかを判定し、署名捺印した書面にて通知する。

2　乙は、前項に基づき甲から検収不合格の通知を受けたときは、本件成果物につき必要な修正を行い、甲乙で別途協議して定める期限までに再度納入するものとする。

3　第1項に基づき甲が乙に対し検収合格の通知をし、その通知が乙に到達した時、又は甲が乙から本件成果物の履行を受けた後、別紙に記載する検収期間内に第1項の通知を発さず、検収期間を満了した時、本件成果物の検収が完了されたものとみなす。

第13条（不一致の修補責任）　検収完了後、本件成果物に関して、仕様書との不一致（以下「不一致」という）が発見された場合、乙は不一致の修補を行う。

2　前項の修補責任は、検収完了後3か月以内に、乙から請求された場合に限るものとする。

3　第1項の修補責任は、第3条に定める甲の協力義務違反を起因として生じた場合は、これを適用しない。ただし、乙が甲の協力義務違反を知りながら告げなかったときは、この限りでない。

4　乙は本条に定める不一致の修補の他、本契約による運営業務の継続する限りにおいて修補を行う。

第14条（資料等の返還）　乙は、第12条の検収後、遅滞なく甲から提供された本件成果物に関する一切の資料を甲に返還するものとする。ただし、引き続き保守業務に必要な資料は、この限りではない。

第3章　Webサイト開設やドメイン取得をめぐる法律と書式　167

第15条（知的財産権等）　乙は、本件成果物が、知的財産権の侵害、その他の第三者の権利侵害、あるいはこれに類するその他の不正物でないことを保証する。

2　甲及び乙が、本件成果物を運用するにあたって、意図せずして前項に該当する事柄を察知したときは、速やかに相手方に報告すると共に、該当物の利用停止を指示しなければならない。

3　乙が本契約により甲に納入する本件成果物の著作権（著作権法27条及び28条に定める権利を含む）は、第6条の委託料が支払われた日をもって、乙から甲へ移転する。

4　前項の規定には乙及び再委託先が乙が本件制作前より有していた素材、画像、動画、ECサイト設計、プログラム等は含まないものとする。ただし、甲に著作権が帰属しないこれらの著作物について、乙及び再委託先は甲に対し本件成果物の運用に必要な範囲で利用することを許諾し、甲は許諾された範囲で無償の利用権を有する。

5　乙は、甲に帰属しない著作権について、乙に対して自ら及び再委託先が著作者人格権を一切行使しないことを保証する。

第16条（個人情報の利用及び管理）　乙は、本件制作業務及び運営業務の遂行上、顧客の個人情報を取り扱う場合、それぞれ自己の責任において、個人情報の保護に関する法律（平成15年5月30日法律第57号）、その他の法令に従い適切に利用及び管理する。

第17条（譲渡禁止）　甲及び乙は、事前に相手方の書面による同意を得た場合を除き、本契約に基づいて発生する一切の権利を第三者に譲渡し、又は担保に供してはならない。

第18条（賠償責任）　甲及び乙は、本契約に基づく債務を履行しないことが原因で、相手方に現実に損害を与えた場合には、本契約の解除の有無に関わらず、運営業務に対する委託料の1年分を限度として損害賠償責任を負う。本項には相手方の責めに帰すことができない事由による一方的な契約解除を含む。

第19条（免責）　乙は、次の各号につき、一切の責任を負わないものとすることに甲は合意する。

一　乙の予見の有無を問わず、乙の責めに帰すことができない事由に

より生じた損害に対する責任、間接的、二次的、付随的及び懲罰的な損害賠償責任並びに利益又は売上の損失に対しての責任

二　本件成果物の公開による、第三者から訴えの提起、閲覧者からのクレーム

三　サーバメンテナンス、その他の乙による管理が及ばない理由によるECサイトの不具合

四　本件成果物による売上、問い合わせ、アクセス数及び検索エンジン上位表示

第20条（不可抗力）　甲及び乙は、天災地変、戦争、内乱、暴動、ストライキ、労働争議、社会的大変動、法令の改廃及びその他の本契約に重大な影響を与えると認められる事由など、双方いずれの責めにも帰し得ない不可抗力によることが明らかであるときは、本契約の不履行とはせず、その責めを負わないものとする。

第21条（契約の解除及び期限の利益の喪失）　甲及び乙は、相手方が次の各号に該当した場合には、予告なく本契約の全部又は一部を解除することができる。

一　当事者一方が相手方に対する料金支払債務、その他一切の債務について弁済を怠ったとき

二　差押、仮差押、仮処分、公売処分、租税滞納処分及びその他公権力の処分を受けたとき、民事再生手続きの開始、会社更生手続きの開始、破産手続きの開始若しくは競売を申し立てられたとき、又は自ら民事再生手続きの開始、会社更生手続きの開始若しくは破産手続きの開始の申立てを行ったとき

三　監督官庁により営業停止又は営業免許若しくは営業登録の取消の処分を受けたとき

四　資本の減少、営業の廃止若しくは変更又は解散の決議をしたとき

五　自ら振り出し、又は引き受けた手形又は小切手について不渡り処分を受ける等、支払停止状態に至ったとき

六　本契約の条項に違反し、一方が相当な期間を定めて催告したにも関わらず、なおその期間内に違反を是正しないとき

七　その他、財産状況が悪化し、又はそのおそれがあると認められる

第3章　Webサイト開設やドメイン取得をめぐる法律と書式　**169**

相当の事由があるとき

八　刑法上の犯罪行為、民事上の不法行為、その他法令・公序良俗に
　　反する行為が認められたとき

九　当事者一方が信用を著しく毀損する行為又は背信的と認められる
　　行為を行ったとき

2　前項各号の場合に該当した者は、相手方に対し負っている債務につ
　いて期限の利益を失い、直ちに債務の全部を一括して弁済しなければ
　ならない。

第22条（契約終了時の措置）　本契約が期間満了、解除その他の事由に
　より終了する場合、甲及び乙は、本件成果物に関して顧客に対して不
　利益とならないよう、両者協議の上、本件成果物の運営業務の引継ぎ
　スケジュールを定め、速やかにこれを行うものとする。

2　運営業務の引継ぎが本契約の終了日よりも後となる場合は、引継ぎ
　の完了まで本契約は有効に存続するものとする。

3　乙は、引継ぎ完了まで、本契約の定めに従い善良なる管理者の注意
　義務をもって本件運営業務を遂行するものとする。

4　本契約が期間満了、解除その他の事由により終了した場合、甲及び
　乙は、本契約に関する相手方の資料等を、相手方の指示に従い、速や
　かに相手方に返却し、又は廃棄若しくは消去するものとする。

5　引継ぎ後の本件運営業務は甲が行うものとする。

第23条（準拠法、合意管轄）　本契約の準拠法については日本法が適用
　されるものとする。

2　甲及び乙は、本契約に関して万一紛争が生じた場合は、○○裁判所
　を第一審の専属的合意管轄裁判所とすることに合意する。

第24条（協議）　本契約に定めのない事項又は本契約の条項の解釈に疑義
　が生じた事項については、甲乙協議の上、円満解決を図るものとする。

　以上、本契約成立の証として、本契約書を2通作成し、甲乙署名又は
記名押印の上、各々1通を保有する。

平成○○年○月○日

（甲）○○県○○市○○町○丁目○番○号

株式会社○○○○

代表取締役　○○○○　㊞

（乙）○○県○○市○○町○丁目○番○号

株式会社○○○○

代表取締役　○○○○　㊞

（別紙）

■本件業務の詳細

制作業務委託料	￥450,000-（消費税を含まない）
収益の分配	収益×20％（消費税を含まない）
追加機能制作費	甲乙、協議の上決定
制作業務委託金支払期日	本契約締結日から7日以内
収益の支払期日	請求月の翌月末日まで

■本件制作業務、委託事項の詳細

1	甲の要求定義、仕様確定及び仕様書の作成
2	ECサイトのデザイン
3	Webサイトの作成、コーディング
4	ECサイトのアップロード
5	初期動作確認及びリンク切れチェック
6	契約条件で定めたブラウザ上による表示チェック

■運営業務、委託事項の詳細

1	ECサイト不具合等の修補
2	ECサイトのバージョンアップ（大幅な追加プログラムの発生しない範囲）
3	管理画面、不具合等の修補
4	管理画面のバージョンアップ（大幅な追加プログラムの発生しない範囲）

第3章　Webサイト開設やドメイン取得をめぐる法律と書式

5	簡易なデザインの変更
6	インターネットの基盤技術やアーキテクチャの進歩を前提とし、ECサイトが取引の通念に照らし合理的に期待される通常有すべき機能・品質を維持できる修正及びバージョンアップ
7	次に掲げるECサイト運営業務。 一　画像加工・テキスト編集を含む商品の追加及び更新業務 二　画像加工・テキスト編集を含むイベント及び季節ごとのバナー等制作 三　Webサイト全体に係るプロモーション、マーケティング業務。 四　甲の書面による承諾を得た上でのインターネット広告登録（リスティング、バナー、動画、メール、コンテンツ・興味連動型、アフィリエイトを含む）。 五　前各号に掲げる他、甲乙間で別途、覚書によって定める業務。
8	ECサイト設置フォームによる顧客からの問い合わせ対応

■本件制作業務、契約条件

成果物	仕様書に基づき、次に定めるブラウザで正常に閲覧可能なECサイトとする。
	<table><tr><td>Internet Explorer10 ～ 11</td><td>※Windows8/8.1は デスクトップ版のみ保証。 ※互換表示は前提としない。</td></tr><tr><td>Mozilla Firefox○○～○○</td><td>※ESR版は保証外。</td></tr><tr><td>Google Chrome○○～○○</td><td></td></tr><tr><td>Safari○～○</td><td></td></tr></table>※原則、W3C（http://www.w3.org）準拠とする。 ※いずれもブラウザは日本語版のみの対応とし、最新のセキュリティプログラムがインストールされた状態を前提とすること。
甲が指定するURL	https://www.○○○○.co.jp/ （ドメイン：○○○○.co.jp）
サーバ環境	OS：Debian GNU/Linux CPU：Intel Core i○-○○○○ メモリ：○GB ウェブサーバ：Apache 2.4.33 メールサーバ：qmail FTPサーバ：vsftpd ディスク容量：○○○G CGI：利用可能 perl：5.26.1 PHP：7.1.16

	SSI：利用可能 .htaccess：利用可能 FTPS（FTP over SSL）：利用可能 MySQL：5.7.21
初回アップ ロード期限	平成○○年○月○日
検収期間	上記アップロード日の翌日から起算して30日以内

■乙指定の金融機関口座

　○○○○銀行　○○○○支店

　普通預金口座　番号○○○○

　口　座　名　義　カブシキガイシャ○○○○○○○○

Point

1　どんな契約なのか

　ECサイトとは、インターネットによる商品販売を目的としたWebサイトをいいます。このようなサイト制作を受託する場合、サイトの制作のみを行う場合と、140ページのような保守業務を引き続き受託する場合が一般的です。さらに近年では、レベニューシェア方式を採用する場合があります。レベニューシェア方式とは、無償または廉価でサイトを制作する代わりに、サイトによって発生する収益から分配を受けて制作コストや運営費を回収する方法です。

　レベニューシェア方式を採用することで、発注者としては、初期費用の負担が少なくインターネットにおける商品販売事業に進出することができ、仮に、事業がうまくいかなかった場合でも、そのリスクを最小限にとどめることができます。これに対して受注側にもメリットがあります。レベニューシェア方式では、サイト制作時には受注者は無償または廉価で業務を請け負いますが、初期費用の捻出が難しい発注者を顧客として取り込むことができ、さらに当該ビジネスがうまく軌道に乗った場合には、比較的長期間にわたり継続的な収入を得ることができます。本書式例は、このレベニューシェア方式を想定して作成しています。

第3章　Webサイト開設やドメイン取得をめぐる法律と書式　**173**

Webサイト制作・保守業務委託契約書（140ページ）と同様、どの業務が請負契約、どの業務が委任契約なのかを明示します（第2条）。また、引き続き運営業務を引き受けるため、運営業務実施期間は不具合の修正を行う姿勢が大切です（第13条第4項）。なお、平成29年改正民法（2020年4月1日に施行予定）は瑕疵担保責任を廃止し、代わりに契約不適合責任を導入しています。契約不適合責任では、不具合の修正についても、発注者側は追完請求権として受注者に請求することが可能になります（150ページ）。本書式例は制作業務委託料を設定していますが、収入印紙については、契約内容の性質から、印紙税法の第7号文書（継続的取引の基本となる契約書）となる見解を採用して、4,000円分の収入印紙を貼付するとしています。

2　本契約書固有の問題

　ECサイト制作・運営業務委託契約書では、以下のような特徴的な規定があります。

①　発注者の協力義務

　発注者側にも最低限の協力義務を明示する必要があります（第3条）。レベニューシェア方式では、ECサイトの売上で受注者の報酬が増減するため、発注者も責任を持ってECサイトの制作・運営に取り組むよう促す必要があるからです。

②　手続きの明確化

　第2条第3項・第4項では、運営業務に関する作業時間帯を詳細に定めています。特に本契約では顧客対応があるので、基本時間外（夜間・休日など）の対応に関する取り決めと、覚書を別途作成することを明示しています。また、運営業務を終了した場合の引継ぎの流れについても事前に定めておく（第22条）ことも大切です。

③　収益の分配

　第7条のように、収益の分配については、後々トラブルにならないよう詳細に取り決めます。また、振込費用や手続きの簡素化から、支払いを実施する基準を定めます。

　ところで、収益には「固定型」と「変動型」があります。固定型は契約時に定めた収益の分配率で固定するのに対し、変動型は収益の増加に

合わせて分配率も増加する方法です。本書式例では「固定型」を規定していますが、もちろん変動型にしてもよいでしょう。

たとえば、「分配率20%」の固定型の場合と、「収益1000万円まで分配率10%、2000万円まで20%、2000万円超で30%」の変動型の場合とで、両者の違いを考えてみましょう。収益が1000万円の場合、固定型では「1000万円×20%」で、収益配分は200万円です。一方、変動型では「1000万円×10%」で、収益配分は100万円となります。逆に収益が4000万円の場合、固定型では「4000万円×20%」で800万円です。一方、変動型では「100＋200＋2000万円×30%」で900万円です。発注者と受注者の関与の具合などから、分配率については十分に協議して決めましょう。

なお、第7条第3項では、発注者側に分配金の算出と報告義務が規定されていますが、売上、利益、注文数などを正確に報告する必要があります。場合によっては会計帳簿を提出する必要も生じます。

また、受注側が初期費用を抑えて制作している事情を考慮し、最初の6か月〜1年間など期間を定めた上で、ミニマムギャランティ（最低保証額）を設定することもあります。これは収益の金額に関わりなく毎月20万円の支払義務を設定するなどが考えられます。ただ、発注者にしてみれば、レベニューシェア方式の本来のメリットが薄れてしまうため、レベニューシェア方式の契約においては受け入れられにくいものであることは知っておく必要があります。

④ **費用**

後々のトラブルを防ぐため、費用の詳細を明示します（第8条）。この際、あらかじめ費用とすることについて合意が得られているものに関しては、第8条第2項のように別項として盛り込んでおくことが大切です。なお、費用ではありませんが、運営業務に関して基本時間外に対応する場合には、別途委託料が発生するようにすることが多いようです（第2条第4項）。そこで、このような事態が発生した場合の取り決めについて、他の契約（覚書きなど）を交わす含みを持たせておくとよいでしょう。

第3章 Webサイト開設やドメイン取得をめぐる法律と書式　175

書式5　ＳＥＯ委託契約書

ＳＥＯ委託契約書

　株式会社○○○○（以下「甲」という）と、株式会社○○○○（以下「乙」という）は、検索エンジン最適化対策業務（以下「本件業務」という）の委託に関し、以下の通り契約（以下「本契約」という）を締結する。

第1条（定義） 本契約上で使用される用語の定義は次の通りとする。

① 「Webサイト」とは、甲の指定するドメイン下に作成されたインターネット上でWebページとして閲覧可能な一連のテキスト、画像及び動画等のデータの集合をいう。

② 「SEO」とは、検索エンジンの検索結果のWebページ表示順について、任意のWebサイトを上位表示させる手法をいう。

③ 「リンク」とは、Webサイト及びインターネット上におけるWebページ同士を繋ぐものをいう。

④ 「ページランク」とは、Googleによる被リンク数を根拠に導かれたWebサイトの重要度を示す指標の一つをいう。

⑤ 「アクセス数」とは、Webサイトの閲覧者がWebページを閲覧した回数をいい、個別のページ閲覧数（ページビュー数）も同義とする。

⑥ 「ディレクトリ登録」とは、さまざまなWebサイトをカテゴリ分けして掲載しているWebサイトにアクセス数の向上、ページランクの向上などを目的としてサイト登録することをいう。

⑦ 「クローラビリティ」とは、Webサイト内のリンクの適正さにより、検索エンジンロボットの巡回がスムーズに行われるかを導き出す指標をいう。

⑧ 「インデクサビリティ」とは、Webサイト内の記述や構造の適正さにより、検索エンジンに記録されるWebサイト情報が正しく認識されるかを導き出す指標をいう。

⑨ 「リンクポピュラリティ」とは、良質な被リンクの量によりペー

ジランクを導き出す指標をいう。

⑩ 「ソースコード」とは、Webサイトを作成する際に使用されるプログラム言語の記述をいう。

⑪ 「アルゴリズム」とは、コンピュータによる特定の目的を達成するための処理手順をいう。

⑫ 「サーバ」とは、ネットワーク上において、コンピュータからの要求を受け、一括処理をしてファイルやデータ等を提供するコンピュータをいう。

第2条（目的及び委託の内容）甲は、希望するキーワードを検索エンジンの検索結果に上位表示させるために、甲指定のWebサイト（以下「本件サイト」という）の最適化並びにページランク及びアクセス数の向上を実現するための業務（以下「本件業務」という）を乙に委託し、乙はこれを受諾する。

2 本件業務は準委任契約とし、詳細は次の通りとする。

① 本件サイトのディレクトリ登録等

② クローラビリティ及びインデクサビリティの確保に係る提案

③ リンクポピュラリティ向上のための提案

④ 本件サイトのアクセス解析業務

⑤ アクセス数向上に係る改善のための企画及び立案

⑥ 本件サイトのソースコード編集

⑦ 前各号の他、SEO対策のために必要な業務

3 本件業務は検索エンジンGoogle（Google提携サイトを含む）及びYahoo! Japanを基準とし、甲が選定するキーワード及び業種を前提とする。

4 乙は本件業務による効果に対する責任は一切負わず、甲はこれを承諾する。

5 乙は、毎月10日までに、甲に対し本件業務に関する前月分の実施内容及び結果に関するレポートを、電子メールに添付して提出しなければならない。ただし、次条に定める甲の作業の遅延又は誤り等があった場合はこの限りではない。

第3条（甲の協力義務）甲は、本件業務の実施にあたっては、次の事項

第3章 Webサイト開設やドメイン取得をめぐる法律と書式　**177**

に留意し、乙に協力するものとする。

① 甲の本件業務に関する窓口及び協力者となる担当責任者1名の決定

② 本件業務遂行上必要な情報及び社内資料の提供並びに各書類の記載及び手配

③ 乙が甲の共同作業者を必要とする場合は、その提供及び手配についての協力

④ その他、本件業務遂行上必要な場所、機器、ソフトウェア及び素材等の提供又は貸与

⑤ 本件業務遂行上必要となるディレクトリ登録運営会社等との速やかな契約締結

⑥ 甲の指定するキーワード及び業種に関して、法律上又は業界団体等による規制がある場合の事前告知

第4条（委託料） 甲が、乙に対して支払う本件業務委託料は月額100,000円（消費税を含まない）とする。

2 前項の委託料は、乙が当月分の報酬を翌月25日までに甲に請求し、甲は、請求対象月の翌月末日までに、乙の指定する金融機関口座に甲の手数料負担のもと、振り込むものとする。

　　・乙指定の金融機関口座

　　○○○○銀行　　○○○○支店

　　普通預金　　口座番号：○○○○○○○

　　口座名義：カブシキガイシャ○○○○○○○○

3 本件業務遂行上、Webサイトを大幅に変更する作業を行う必要がある場合、乙は事前に書面又は電子メールにより変更に伴う追加料金見積額を通知し、甲が承諾すればこれを請求することができる。ただし、甲が承諾しなかった場合、乙はWebサイトの変更を一切行わない。

4 本件業務遂行中、検索エンジンによるアルゴリズム変更があった場合も前項に準ずる。

第5条（契約期間） 本契約の期間は、契約成立の日から1年間とする。ただし、期間満了の1か月前までに、甲又は乙から本契約を更新しないとの意思表示がない場合には、更に1年間、同一条件にて延長したものとみなし、以後も同様とする。

第6条（費用の取扱い）　乙は、甲に対し本件業務を遂行するために要する費用（登録料、広告料、乙の交通費、出張費及び宿泊費を含む）を、乙が事前に書面又は電子メールによって甲に通知し、甲が承諾したものに限り、別途請求することができる。

第7条（再委託の禁止）　乙は、本件業務の全部又は一部を第三者に委託してはならない。

第8条（資料又は機器の保管・管理）　乙は、本契約期間中に限り、本件業務に必要なID及びパスワードを保有し、サーバ及びアクセス解析画面等にアクセスすることができる。

2　乙は、本件業務に関して甲より提供された一切の資料及び情報を、善良なる管理者の注意義務をもって保管及び管理し、甲の事前の書面又は電子メールによる承諾を得ないで複製又は第三者へ交付し、その他本件業務以外の目的に使用してはならない。

3　乙は、提供された資料及び情報並びに機器等が不要となった場合、本契約が解除された場合、又は甲からの要請があった場合、甲から提供された資料、情報及び機器等を速やかに処分（貸与された機器等については甲に返却）するものとする。

第9条（提供情報の取扱い）　甲は、乙が本件業務を遂行する過程で甲に対して行った提案、指導及び助言等の情報について、自己の責任と負担においてのみ利用することができる。

2　前項の情報は、第三者に利用させないものとする。ただし、乙による事前の書面による承諾がある場合は、この限りではない。

第10条（秘密保持）　甲及び乙は、本契約の履行に関連して知り得た相手方に関するすべての秘密情報を、相手方の書面又は電子メールによる承諾なくして、第三者に開示又は漏えいしてはならない。ただし、法令の定めに基づいて、官公署等から開示の要求があった場合は、開示することができる。

2　前項の秘密情報には、次の各号に掲げる情報を含まない。

①　秘密保持義務を負うことなくすでに保有している情報

②　秘密保持義務を負うことなく第三者から正当に入手した情報

③　相手方から提供を受けた情報によらず、独自で保有していた情報

第3章　Webサイト開設やドメイン取得をめぐる法律と書式　**179**

④　事前に公知となっている情報

3　本条の規定は、本契約終了後又は期間満了後も有効に存続する。

第11条（著作権の譲渡）本件業務遂行上、乙が制作したテキスト及び素材に関する著作権（著作権法27条及び28条の権利を含む）は、乙から甲へ移転する。

第12条（譲渡禁止）甲及び乙は、事前に相手方の書面による同意を得た場合を除き、本契約に基づいて発生する一切の権利を第三者に譲渡し、又は担保の目的にしてはならない。

第13条（賠償責任）甲及び乙は、本契約に基づく債務を履行しないことが原因で、相手方に現実に損害を与えた場合には、本契約の解除の有無に関わらず、本件業務に対する委託料額の１年分を限度として損害賠償責任を負う。本項には、相手方の責めに帰すことができない事由による一方的な契約解除を含む。

第14条（免責）乙は、次の各号につき、一切の責任を負わないことに甲は合意する。

①　乙の予見を問わず、乙の責めに帰すことができない事由により生じた損害に対する責任、間接的、二次的、付随的及び懲罰的な損害賠償責任並びに利益又は売上の損失に対しての責任

②　本件業務による、問い合わせ数、申込数及び売上の増加

③　乙が本件業務を遂行する過程で甲に対して行った提案、指導、及び助言等の情報に関して、又は乙が制作したテキスト及び素材に関してなされる第三者から訴えの提起及び閲覧者からのクレーム

④　サーバメンテナンス、その他の乙による管理が及ばない理由によるWebサイトの不具合

第15条（不可抗力）甲及び乙は、天災地変、戦争、内乱、暴動、ストライキ、労働争議、社会的大変動、法令の改廃及びその他の本契約に重大な影響を与えると認められる事由など、双方いずれの責めにも帰し得ない不可抗力によることが明らかであるときは、本契約の不履行とはせず、その責めを負わないものとする。

第16条（契約の解除及び期限の利益の喪失）甲及び乙は、相手方が次の各号のいずれかに該当した場合には、予告なく本契約の全部又は一

部を解除することができる。

① 当事者一方が相手方に対する料金支払債務、その他一切の債務について弁済を怠ったとき

② 差押、仮差押、仮処分、公売処分、租税滞納処分その他公権力の処分を受けたとき、民事再生手続の開始、会社更生手続の開始、破産手続の開始若しくは競売を申し立てられたとき、又は自ら民事再生手続の開始、会社更生手続の開始若しくは破産手続の開始の申立てを行ったとき

③ 監督官庁により営業停止又は営業免許若しくは営業登録の取消の処分を受けたとき

④ 資本の減少、営業の廃止若しくは変更又は解散の決議をしたとき

⑤ 自ら振り出し、又は引き受けた手形又は小切手について、不渡り処分を受ける等支払停止状態に至ったとき

⑥ 本契約の条項に違反し、一方が相当な期間を定めて催告したにも関わらず、なおその期間内に違反を是正しないとき

⑦ その他、財産状況が悪化し、又はそのおそれがあると認められる相当の事由があるとき

⑧ 刑法上の犯罪行為、その他法令・公序良俗に反する行為が認められたとき

⑨ 当事者一方が信用を著しく毀損する行為又は背信的と認められる行為を行ったとき

2　前項各号の場合に該当した者は、相手方に対し負っている債務について期限の利益を失い、直ちに債務の全部を一括して弁済しなければならない。

第17条（準拠法、合意管轄）本契約の準拠法については日本法が適用されるものとする。

2　甲及び乙は、本契約に関して万一紛争が生じた場合は、○○裁判所を第一審の専属的合意管轄裁判所とすることに合意する。

第18条（協議）本契約に定めのない事項又は本契約の条項の解釈に疑義が生じた事項については、甲乙協議の上、円満解決を図るものとする。

以上、本契約成立の証として、本契約書を2通作成し、記名押印の上、各々1通を保有する。

　平成○○年○月○日

　　　　　　　　　　　（甲）○○県○○市○○町○丁目○番○号
　　　　　　　　　　　　　　　株式会社○○○○
　　　　　　　　　　　　　　　　代表取締役　　○○○○　　㊞
　　　　　　　　　　　（乙）○○県○○市○○町○丁目○番○号
　　　　　　　　　　　　　　　株式会社○○○○
　　　　　　　　　　　　　　　　代表取締役　　○○○○　　㊞

Point

1　どんな契約なのか

　SEO（Search Engine Optimization）は、特定のキーワードについて、検索エンジン（Googleなど）の検索結果で自らのWebサイトが上位表示されるよう最適化するサービスです。

　SEO委託契約は、コンサルティング業務的な要素と、実際にWebサイトに手を加える作業委託的な要素が混在しています。そのため、提案や企画も含めて委託範囲を明示（第2条）することが重要です。ただし、あくまでコンサルティングの要素が強いために再委託は禁止されることが多いようです（第7条）。

　ただ、本書式例のような作業委託的な要素がある場合は、委託内容を詳細に定めた上で、限定的に再委託を認める場合もあります（プログラム改変、デザイン、情報収集、資料作成など）。その他、責任の範囲（第2条第4項、第9条、第14条）や秘密保持（第10条、第8条第2項・第3項）などを明示的に規定することが非常に重要です。

2　SEO委託契約固有の問題

　前述した条項の他に、SEO委託契約の特性を取り上げます。

182

① **SEO対策の範囲**

　発注者は、SEO対策を委託したことで、過剰な期待を持つことが多いといえます。そこで、SEO委託契約では「特定のキーワード」や「特定の範囲の業種」に限定するなど、SEO対策の範囲を絞り込む規定が必要です（第2条第3項）。なお、本書式例では、検索型エンジンについてGoogleとYahoo! Japanを基準としていますが、Yahoo! Japanの検索システムも、現在ではGoogleのアルゴリズムを採用していると言われています。それでも、両者の検索結果には微妙な違いが生じているため、無用な危惧が生じないよう、いずれかの検索エンジンに限定する検討も必要です。

② **発注者の協力義務**

　Webサイト制作・保守業務委託契約書（140ページ）でも同様ですが、特にSEO委託契約では、発注者の協力がないと目的達成ができないため、発注者の協力義務を詳細に定めます（第3条）。ディレクトリ登録における迅速な契約締結や、業種特有の呼称や諸規制に関する情報を踏まえなければ、Webサイトの最適化が適切に行えないからです。

③ **委託料の考え方**

　SEO委託契約の対価は、基本的に月額固定支払いとなります（第4条）。ただし、大幅なWebサイトの改修が必要な場合、追加料金を請求できるようにするべきでしょう（第4条第3項）。委任契約であるため、成果物の納入義務はありませんが、レポート等の報告義務を課すことで、誠実な業務遂行がなされるように規定することが一般的です（第2条第5項）。また、費用については独立した条項を定め、後々のトラブルにならないようにします（第6条）。

④ **免責**

　コンサルタント業務委託契約（69ページ）でも同様ですが、発注者側の自己責任において、受注者から提供されるレポートや提案・企画を採用する姿勢が前提です。このことから、受注者の免責規定（第14条）をはじめ、SEO対策の効果に対する免責（第2条第4項）、提案内容等に関する免責（第9条）といった規定を定めます。

第3章　Webサイト開設やドメイン取得をめぐる法律と書式　**183**

書式	
6	コンテンツ提供に関する契約書

コンテンツ提供に関する契約書

　○○企画株式会社（以下「甲」という）及び××海外ツアー株式会社（以下「乙」という）は、甲が制作し保有するデジタル動画コンテンツ（以下「本コンテンツ」という）を甲が乙に提供することに関する契約（以下「本契約」という）を以下の通り締結する。

第1条（目的） 甲は乙に対し、本コンテンツを、乙のWebサイトで使用することを許諾する。

第2条（本コンテンツの内容） 甲が乙に対し提供する本コンテンツは、甲が企画制作し著作権その他の権利を有する、世界遺産条約に基づきユネスコが登録する「世界遺産」に関する次のデジタル動画とする。

一　マチュ・ピチュの歴史保護区

二　アンコール遺跡群

三　グランド・キャニオン国立公園

四　ヴェネツィアとその潟

五　パリのセーヌ河岸

六　ヴィクトリアの滝

七　イスタンブール歴史地域

八　ナスカとフマナ平原の地上絵

九　モンサンミッシェルとその湾

十　カトマンズ盆地

第3条（本コンテンツの使用） 乙は、本コンテンツを乙のWebサイトにおいて非排他的・非独占的に使用することができる。

2　乙は、乙のWebサイトに訪れる利用者（以下「ユーザー」という）に対して、本コンテンツを、ストリーミング配信など、ユーザーによってダウンロードできない形式で閲覧させるものとする。

3　乙が前項に定める以外の利用を希望する場合、乙は甲に対して、事前にその旨を申し出て、書面による承諾を得なければならない。

第4条（**著作権等**）本コンテンツの著作権（著作権法27条及び28条に規定する権利を含む）その他の権利は、甲に帰属するものとする。

2　乙は、本コンテンツの改変・修正等を行うことは一切できないものとする。

3　前項にも関わらず、乙が本コンテンツの改変・修正等を希望する場合、乙は甲に対して、事前にその旨を申し出て、書面による承諾を得るものとする。

第5条（**利用料**）乙は甲に対し、本コンテンツの利用料として月額金○○円也（消費税別途）を、本契約期間中、毎月○日までに甲の指定する口座に振り込み、支払う。

第6条（**引渡し**）甲は乙に対し、平成○○年○月○日までに、乙の指定する媒体により、本コンテンツを引き渡す。

2　甲及び乙は、前項に定める引渡しによっても、本コンテンツの著作権その他の知的財産権が甲に帰属したまま一切乙に移転しないことを相互に確認する。

第7条（**保証**）甲は乙に対し、本コンテンツが、第三者の著作権その他知的財産権を含むすべての権利を侵害しないことを保証する。

第8条（**契約期間**）本契約の期間は、平成○○年○月○日から平成○○年○月○日までとする。

2　前項に定める本契約の期間満了後も、乙が本コンテンツを使用している場合は、本契約は継続したものとみなされ、乙が本コンテンツの使用の終了を証明しない限り、乙は甲に対し、第4条に定める利用料を支払うことを要する。

第9条（**禁止事項**）甲及び乙は、本契約に基づく権利又は契約上の地位の全部又は一部を、相手方の書面による承諾なくして、第三者に対して譲渡してはならない。

2　乙は、本コンテンツの使用権を第三者に再許諾してはならない。

第10条（**限定責任**）本契約に基づく損害賠償請求に対する甲の責任は、甲が乙から受領する利用料の1年分を限度とする。

第11条（**秘密保持**）甲及び乙は、互いに、本契約に基づき知得した相手方の営業上又は技術上の秘密については、次のものを除き、本契約

第3章　Webサイト開設やドメイン取得をめぐる法律と書式　**185**

期間中及びその終了後も、相手方の書面による許諾なく第三者に開示、漏えいしてはならない。

一　自らの責めによらずに公知となった情報

二　権限ある第三者から知得した情報

三　相手方から開示される前から合法的に所有している情報

四　独自に開発した情報

五　権限ある裁判所又は行政機関から提出を命じられた情報

六　法令、条例等の定めるところにより開示された情報

第12条（契約解除）甲又は乙は、相手方が次の各号のいずれかに該当した場合は、何らの催告を要せず、直ちに本契約を解除することができる。

一　本契約の条項に違反したとき

二　本契約に違反すると思われる場合に、相当の期間を定めて是正を勧告したにも関わらず、当該期間内に是正を行わないとき

三　営業停止、営業取消等の行政処分を受けたとき

四　税の納付に関し、滞納処分を受けたとき

五　差押、仮差押、仮処分等を受けたとき

六　手形又は小切手につき不渡り処分を受けたとき

七　破産、民事再生又は会社更生の手続開始の申立を行ったとき、又はこれらの申立が第三者からなされたとき

八　会社の組織について、解散、合併、会社分割、又は事業の全部若しくは重要な一部の譲渡を決議したとき

2　前項に基づいて本契約が解除されたときは、帰責事由の存する当事者は、相手方に対する一切の債務について、当然に期限の利益を失い、直ちに相手方に弁済しなければならない。

3　第1項に基づいて本契約が解除されたときは、帰責事由の存する当事者は、相手方に対して、本契約の解除により相手方が被った損害を賠償するものとする。

第13条（損害賠償）甲又は乙が本契約の条項に違反し、相手方に損害を与えたときには、違反した当事者は、損害を被った相手方に対してその損害を賠償するものとする。

第14条（**裁判における合意管轄**）甲及び乙は、本契約より生じる紛争の一切につき、甲の本店所在地を管轄する地方裁判所を第一審の専属的管轄裁判所とすることに合意する。

第15条（**双方協議**）本契約に定めなき事項又は本契約の条項に解釈上の疑義を生じた事項については、甲乙協議の上、解決するものとする。

　　本契約の成立を証するため、本書2通を作成し、甲乙署名又は記名押印の上、各1通を保有するものとする。

　　平成○○年○月○日

（甲）○○県○○市○○町○丁目○番○号
○○企画株式会社
代表取締役　　○○○○　　㊞
（乙）○○県○○市○○町○丁目○番○号
××世界ツアー株式会社
代表取締役　　○○○○　　㊞

Ｐｏｉｎｔ

　　自ら著作権を保有するコンテンツ（著作物）を、非独占的に使用させるために提供する場合に締結される契約書です。非独占的ということですから、提供する側である甲は、乙以外の第三者と同様の契約を結ぶことが可能です。したがって、第4条（著作権等）では、コンテンツの著作権が甲にそのまま留保（帰属）されることを明確にしています。

　　また、コンテンツがユーザーによって複製され、インターネット上で拡散して誰もが使えるようになってしまうと、甲の著作権が侵害されることになります。そのため、第3条（本コンテンツの使用）第2項で、乙に対して、ストリーミング配信など、ユーザーがコンテンツをダウンロードできない形式で閲覧させることを義務付けています。

第3章　Webサイト開設やドメイン取得をめぐる法律と書式

書式 7 情報利用に関する規約

情報利用に関する規約

　株式会社○○○○（以下「当社」といいます）は、以下に定める利用規約（以下「本規約」といいます）に基づき、当社が運営する「ニュースサイト○○」（以下「本サイト」といいます）において、情報（記事、写真、データ、音声、音楽、イラスト、動画などを指し、以下「本コンテンツ」といいます）を提供します。本サイト・本コンテンツ（以下併せて「本サービス」といいます）を、閲覧・利用するすべてのお客様（以下 「利用者」といいます）は、本規約を読み、その上でその内容に同意しているものとみなします。

第1条（目的） 本規約は、本サイトにおいて当社が利用者に対し本サービスを提供するに際し、基本的な事項について定めることを目的とします。

第2条（サービスの利用） 利用者は、本サービスを無償で閲覧・利用することができるものとします。

第3条（著作権） 本コンテンツに関する著作権及びその他の権利は、当社若しくは当社に対して使用を認めた権利者に帰属します。著作権は法律で保護されており、本コンテンツを私的利用など法律によって認められている範囲を超えて、利用（複製、改ざん、頒布、公衆送信などを含みます）することはできません。

第4条（保証の否認） 本サービスの利用に際し、当社は、利用者に対し以下の各号をはじめとするいかなる保証も行いません。

　一　本サービスにつき、ウィルス等の有害なものが含まれていないこと、第三者からの不正な侵入がないこと、その他安全性に関すること

　二　本サービスに関する情報の内容等の正確性

　三　本サービスの利用に起因して利用者の端末等に不具合が発生しないこと

　四　本サービスが第三者の著作権その他の権利を侵害していないこと

　五　本サービスが継続すること

188

六　本サービスに障害・不具合が発生しないこと

第5条（禁止事項）本サービスの利用に際し、当社は、利用者に対し以下に該当する、又はそのおそれのある行為は禁止します。

一　犯罪に結びつく行為

二　法令等に違反する行為

三　公序良俗に反する行為

四　当社及び第三者の著作権その他の知的財産権を侵害する行為

五　当社及び第三者の財産、プライバシー等を侵害する行為

六　当社及び第三者の名誉・信用を毀損し、誹謗・中傷する行為

七　当社及び第三者に不利益を与える行為

八　当社の承認を得ないで行うすべての営業行為

九　選挙運動若しくはこれに類似する行為、又は公職選挙法などの法令に違反する行為

十　その他当社が不適切であると認めた行為

第6条（免責）当社は、理由の如何を問わず本サービスの提供が遅延し、又は中断したことに起因して利用者又は第三者が被った被害について、一切の責任を負いません。

2　当社は、本サービスの利用を通じて得た情報等の正確性、特定の目的への適合性等について、一切の責任を負いません。

3　当社は、利用者のシステム環境について一切関与することなく、また一切の責任を負いません。

4　当社は、本サービスを利用したことに起因する直接的又は間接的な損害に関して一切の責任を負いません。

5　当社は、本サイトからリンクしている各サイトに関して、合法性・道徳性・正確性・信頼性について一切の責任を負いません。

第7条（サービスの停止・変更・終了）当社は、事前予告なしに、本サービス内容の一部又は全部を任意に停止・変更・終了する場合があります。

2　前項に基づき、本サービス内容を停止・変更・終了したことにより、利用者に不利益、損害が生じた場合、当社は、その責任を免れるものとします。

第8条（規約の変更）当社は、本規約の内容を必要に応じ事前予告なし

に任意に改定することができるものとします。利用者は、本サービスを利用する際、そのつど、本規約の内容を確認するものとします。規約改定後に利用者が本サービスを利用した場合には、改定に同意したものとみなします。

2　前項に基づき、本規約を変更したことにより、利用者に不利益、損害が生じた場合、当社は、その責任を免れるものとします。

第9条（損害賠償）利用者が本サービスの利用によって第三者に対して損害を与えた場合、利用者はその責任と費用をもって解決し、いかなる場合も当社に損害を与えることのないものとします。

2　利用者が本規約に反した行為、不正若しくは法令の定めに違反したことによって当社に損害を与えた場合、当社は当該利用者に対して当該損害に対する賠償の請求を行うことができるものとします。

第10条（準拠法）本規約の有効性、解釈、履行等に関しては、日本国の関係法令が適用されます。

第11条（裁判管轄）本規約に関連して、万一当社と利用者との間で紛争が生じた場合には、共に誠意をもって協議するものとします。

2　前項により協議をしても解決しない場合は、当社の本店所在地を管轄する地方裁判所を第一審の専属的合意管轄裁判所とします。

附　　則

2018年4月1日　制定・施行。

Point

　インターネット上で不特定多数の利用者に、ニュースなどの情報を無償で配信するサービスなどを行う際に用いる規約です。前文で規約に同意しなければサービスを利用できないことを明確にうたっています。規約の内容として、著作権がサービスを提供するサイト側に帰属していること（第3条）、利用者の禁止事項（第5条）、サイト側の免責事項（第6条）を、あらかじめ規定します。これにより、多くの人たちが利用することにより起こりうるクレーム・紛争を最小限にすることができます。

書式 8 ドメイン新規取得・契約代行契約書

ドメイン新規取得・契約代行契約書

　○○○○（以下「甲」という）が、××××（以下「乙」という）に代行してドメインを取得する権限を与えるために、本契約を締結する。

第1条（契約の目的） 本契約は、甲が、甲に代行してドメインを取得する権限を乙に与えるために締結する。

第2条（業務） 乙は、甲のために、甲が希望するドメインの取得に関して必要な契約を代行する。

2　甲が希望するドメインが既に取得されていた場合、甲は改めて乙に対して希望するドメインを通知し、乙は改めて通知されたドメインの取得に関して必要な契約を代行する。

第3条（報酬） 甲が乙に支払う報酬は金○○○円とする。ただし、甲は乙に対して、ドメイン利用に必要な費用については、報酬とは別に支払うものとする。

2　ドメインに関する契約を締結した場合、乙は甲に対してその旨を通知し、その通知を受けた日から1週間以内に、甲は乙に対して報酬を支払う。

第4条（ドメインの所有権） 乙が甲のために代行して取得したドメインの所有権は、甲に帰属する。

第5条（秘密情報） 甲及び乙は、相手方から提示された技術上又は営業上の情報のうち、秘密情報として指定を受けた情報については、その情報を第三者に漏えいしてはならない。

第6条（個人情報） 甲及び乙は、本契約に関連して個人情報保護法に定める個人情報を相手方から入手した場合、その情報を第三者に漏えいしてはならない。

第7条（秘密情報・個人情報に関する規定の効力） 第5条、第6条の規定は、本契約が終了した後も存続する。

第8条（免責） 乙は、甲の希望するドメインが既に他の者により取得

第3章　Webサイト開設やドメイン取得をめぐる法律と書式　**191**

されており、甲の希望するドメインを取得できない場合であっても、それに関して一切の責任を負わない。

第9条（再委託） 乙は、甲の承諾がなければ、本契約で定める業務を第三者に委託することができない。

第10条（損害賠償） 甲及び乙は、本契約に違反して相手方に損害を与えた場合には、その損害を賠償する責任を負う。

第11条（合意管轄） 本契約条項の法律関係に紛争が生じた場合は、甲の住所地を管轄する地方裁判所を第一審の専属的合意管轄裁判所とする。

第12条（協議） 本契約に定めのない事項につき、甲乙双方は協議してこれを決定する。

　以上、本契約成立の証として、本契約書を2通作成し、甲乙署名又は記名押印の上、各々1通を保有する。

　平成○○年○月○日

　　　　　　　　（甲）埼玉県○○市○○町○丁目○番○号

　　　　　　　　　　　○○○○　　㊞

　　　　　　　　（乙）神奈川県○○市○○町○丁目○番○号

　　　　　　　　　　　××××　　㊞

Point

　本契約書では「代行」と明示しているので、乙は「甲の代理人」という立場でドメイン取得に関わる契約を締結するのではなく、「甲」の使者としてドメイン取得を代わりに行います。つまり、乙が甲に成り代わってドメインを取得します。契約の代行の場合、取得したドメインの所有権は甲に帰属するのが原則です（第4条）。しかし、乙の立場が不安定になることを考慮し、いったんは乙に帰属させ、報酬支払時点で甲に帰属させる方法も考えられます。また、ドメイン取得に時間がかかることを想定し、免責規定を設けます（第8条）。なお、通常「代行契約（準委任契約）」には収入印紙は不要です。

書式
9

ドメイン譲渡契約書

ドメイン譲渡契約書

　○○○○（以下「甲」という）が、××××（以下「乙」という）にドメインを譲渡するために、本契約を締結する。

第1条（契約の目的） 甲が乙に、第2条で定めるドメインを譲渡することを目的として、本契約を締結する。

第2条（ドメインの譲渡） 甲は乙に対し、下記のドメインを譲渡する。

記

　ドメイン　○○○○.com

　ドメインＩＤ　××××

　ドメイン期限　西暦○○○○年○月○日

第3条（代金の支払） 本件ドメインを譲り受ける対価として、乙は甲に金○○○円を支払う。

2　乙は、○月○日までに、甲の指定する銀行口座に前項に規定する代金を振り込むものとする。振込みの際の手数料は乙が負担するものとする。

第4条（譲渡方法） 甲と乙は、○月○日に、共同してドメイン譲渡のための手続を行うものとし、手続に要する費用は乙の負担とする。

第5条（ドメインの変更の禁止） 甲は、乙の承諾がなければ、本契約締結後に本件ドメインに変更を加えてはならない。

第6条（秘密情報） 甲及び乙は、相手方から提示された技術上又は営業上の情報のうち、秘密情報として指定を受けた情報については、その情報を第三者に漏えいしてはならない。

第7条（個人情報） 甲及び乙は、本契約に関連して個人情報保護法に定める個人情報を相手方から入手した場合には、その情報を第三者に漏えいしてはならない。

第8条（秘密情報・個人情報に関する規定の効力） 第6条、第7条の規定は、本契約が終了した後も存続する。

第3章　Webサイト開設やドメイン取得をめぐる法律と書式　**193**

第9条（損害賠償） 甲及び乙は、本契約に違反して相手方に損害を与えた場合には、その損害を賠償するものとする。

第10条（合意管轄） 本契約条項の法律関係に紛争が生じた場合は、甲の住所地を管轄する地方裁判所を第一審の専属的合意管理裁判所とする。

第11条（協議） 本契約に定めのない事項につき、甲乙双方は協議してこれを決定する。

　以上、本契約成立の証として、本契約書を２通作成し、甲乙署名又は記名押印の上、各々１通を保有する。

平成○○年○月○日

　　　　　　　　（甲）埼玉県○○市○○町○丁目○番○号

　　　　　　　　　　　　○○○○　　㊞

　　　　　　　　（乙）神奈川県○○市○○町○丁目○番○号

　　　　　　　　　　　　××××　　㊞

Point

　ドメイン名は「○○○.co.jp」「○○○.com」など、インターネット上の住所のようなものです。ドメインを利用することで「http://www.○○○.com」などのURLや、「△△△△@○○○.com」などのメールアドレスを作成し、Webサイトの公開や情報のやり取りに利用することができます。インターネットに接続されているコンピュータには数字で示されるＩＰアドレスが付与されますが、数字ではわかりづらいので、覚えやすい英数字のドメイン名に変換して管理されています。

　ドメイン名は登録機関に申請して使用します。世界中に１つしか存在しないので「早い者勝ち」です。ただし、先にドメインを取得した者からドメインを譲り受けることもできます。ドメインを譲り受ける際は、本書式例のように契約で代金や譲渡方法について定めます。

第4章

セキュリティ対策のための法律と書式

セキュリティ管理はとても重要になる

プライバシーポリシーを策定し、情報漏えいの危険性に備える

● セキュリティをおろそかにしてはいけない

　顧客情報には、姓名、性別、年齢、住所、メールアドレス、電話番号、クレジットカード番号などがあります。これらはいずれも非常に重要な個人情報といえます。顧客情報が少しでも漏れれば、どんなに良い商品を安く提供していても、ショップの信用は失墜し、商売は続けられなくなります。しかし、それだけならばまだよい方です。顧客情報が悪意のある他人に渡り、犯罪などに利用された場合、被害者に対してショップの運営者は多額の賠償をすることになるでしょう。

　それでは、「顧客情報を保有しなければ何の心配もない」と考える人もいるかもしれません。しかし、ネットショップでは、顧客との取引が完了したら情報を消去すればよいというわけにはいきません。後日になって、顧客からクレームや問い合わせが来た場合、顧客の購入履歴などの情報がないと対応できないという問題が起こるからです。クレジットカードの決済システムを自分で運営している場合は、その情報をサーバに保存する必要もあります。

　したがって、顧客情報の漏えいを防ぐためのセキュリティは、ネットショップの運営者が必ず取り組まなければならないと同時に、最も注意をしなければならない課題といえるのです。

● 顧客情報の管理のためのルールを決めておく

　顧客情報の漏えいを完全に防ぐことは非常に困難であると言われています。なぜなら、漏えいの原因には、不正アクセスやコンピュータウイルスの感染など外部の悪意ある人間による場合だけでなく、内部

スタッフのミスや、悪意による情報の持ち出しなどの場合もあり、これらのケースすべてに完璧に対応できるように準備することは、ほとんど不可能に近いことだからです。

したがって、顧客情報などの情報漏えいを防ぐには、漏えいが起こる可能性を少しでも軽減するセキュリティ対策を講じるというスタンスが現実的です。その上で、情報管理・保護のためのルールを定め、ネットショップの方針として明確にします。この方針をプライバシーポリシーといいます。

具体的には、まずは行っていくセキュリティ対策についての基準や実施手順を定めます。それらを踏まえた上で、顧客情報の収集、処理、保存方法を方針として表明します。

なお、セキュリティについては、どんなに対策を施しても完璧ということはありませんが、完璧にすることばかりを優先した結果、対策コストがショップの実力以上にかさんでしまうと商売になりません。

商売であることも十分考慮に入れて、コスト面からどの程度のセキュリティ対策が可能かを見極める事もネットショップの運営者としては必要です。専門家の意見も聞いて対策を立てるようにしましょう。

■ プライバシーポリシーとは

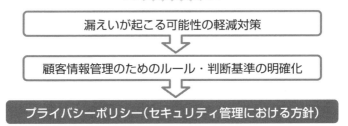

第4章　セキュリティ対策のための法律と書式

個人情報保護法について知っておこう

個人情報の取扱いについての基本的なルールを定めている

● どんな法律なのか

　個人情報保護法は、個人情報の適正な取扱方法の基本を示すことで、個人の権利利益を保護するための法律です。平成27年改正によって、個人情報保護委員会の設置、個人情報の保有件数に関する要件（5000件の要件）の撤廃、要配慮個人情報・匿名加工情報等に関する定めの追加など、比較的大きな見直しが行われました。平成27年改正に関する規定は、平成29年5月30日までにすべて施行されました。

　たとえば、改正前は、過去6か月以内のすべての日において取り扱う個人情報の件数が5000件を超えない事業者は、個人情報保護法の適用対象外でした（5000件要件）。しかし、平成27年改正は、5000件要件を撤廃し、個人事業者や小規模事業者も個人情報保護法の適用対象含めました。また、個人情報保護法の理解を助けるため、各行政機関がガイドラインを作成して、Webサイトなどで公開しています。その中心となるのが、個人情報保護法を所管する個人情報保護委員会が作成した「個人情報保護法ガイドライン」です。

● 個人情報とは

　個人情報とは、生存する個人に関する情報のうち、①氏名、生年月日、その他の記述（音声・動作・データ等で表されるものを含む）によって、特定の個人を識別できるもの、または②個人識別符号が含まれるもの、をいいます。平成27年改正によって、個人識別符号が個人情報に含まれる場合があることを明確にしています。

　ここで「個人識別符号」とは、ⓐ個人の身体的特徴をデジタル化

した符号（番号・文字・記号など）で特定の個人を識別できるもの（DNA配列、指紋認証、顔認証などが該当します）、またはⓑ個人ごとに異なるよう割り当てられた符号で特定の個人を識別できるもの（運転免許証番号、旅券番号、基礎年金番号、保険証番号、マイナンバーなどが該当します）をいいます。

個人情報保護法は、個人情報の中に「個人データ」「保有個人データ」の区分を置き、各々の取扱いを定めています（次ページ図参照）。

個人データとは、「個人情報データベース等を構成する個人情報」と定義されています。個人情報を含めた様々な情報を容易に検索できる形に構成したものを「個人情報データベース等」といいます。個人情報データベース等には、パソコンなどで使用するデータベースをはじめ、検索しやすいようファイリングされた名刺ホルダーや医療用カルテなどの紙ベースの情報も含まれます。これらのデータベースの中に記載されている個人情報が「個人データ」です。

保有個人データとは、個人データの中でも、個人情報取扱事業者が開示、訂正等、利用停止等（210ページ）、第三者提供の停止をある程度自由に行うことのできる権限を有するものです。

● 要配慮個人情報と特定個人情報

要配慮個人情報（センシティブ情報）とは、人種・信条・病歴・犯罪歴・犯罪被害者歴など、とくに取扱上の配慮を要する個人情報をいいます。これらは取扱いを誤ると、本人に不当な差別や偏見が生じるおそれがあります。よって、要配慮個人情報を取得するには、原則として本人の同意が必要です。さらに、本人の同意を得ず、要配慮個人情報を第三者に提供することも、原則として禁止されています。

要配慮個人情報は、個人にとって非常にデリケートな内容を含むことから、本人が認識（関与）しない形での情報流出を禁じているといえます。そのため、本人が第三者提供を認識できないことがある「オ

プトアウト手続」（第三者提供に関する一定の事項を本人が知り、または容易に知り得る状態に置き、個人情報保護委員会に届け出ること）による要配慮個人情報の第三者提供は認められていません。

一方、特定個人情報とは、個人番号（マイナンバー）の内容を含む個人情報をいいます。特定個人情報は、個人情報保護法だけでなく、マイナンバー法の規制対象にもなります。また、特定個人情報を利用して行う事務の範囲は、社会保障・税・災害対策の手続きに限られています。さらに、本人の同意があっても、法定された利用目的の範囲を超えて特定個人情報を利用することは禁止されています。

● 匿名加工情報とは

匿名加工情報とは、個人情報に匿名加工を行い、特定の個人を識別する（ある人の情報とわかり、その人が誰かわかる）ことができないようにした情報です。平成27年改正で追加された概念です。匿名性を

■ 個人情報の意義 ……………………………………………………

個 人 情 報

①生存する個人に関する情報で、特定個人を識別できるか、他の情報と容易に照合できて、特定個人を識別できる情報

②生存する個人に関する情報で、個人識別符号が含まれるもの
（①②の中で、人種・信条・社会的身分・病歴・前科・犯罪被害歴など、本人に対する不当な差別・偏見などの不利益が生じないように、取扱いに特に配慮が必要なものを「要配慮個人情報」という）

個 人 デ ー タ

個人情報データベース等を構成する個々の個人情報

保 有 個 人 デ ー タ

個人情報取扱事業者が、開示、訂正・追加・削除、利用停止、第三者提供の停止を行える権限をもつ個人データ

もたせる加工（匿名加工）を施し、保有する個人情報を様々な目的で利用するために用いられます（ビッグデータとしての活用など）。

そして、匿名加工情報には「特定の個人を識別することができないようにすると共に、当該個人情報を復元できないようにするもの」という性質があります。また、通常考えられる流れとしては、①元の個人情報から個人識別符号（198ページ）を削除し、続いて②個人を識別できる情報などの削除・置き換えを行い、最後に③これらを復元することができない程度まで匿名加工することになります。

加工や第三者提供に本人の同意は不要である

保有する個人情報に匿名加工を行う際に、本人の同意を得る必要はありません。目的に合わせて任意に匿名加工を行い、匿名加工情報を作成することができます（ビッグデータとしての活用など）。

■ 匿名加工情報の作成

| 個人情報
→個人の特定が可能 | → | 匿名加工
情報に匿名性をもたせる加工 | → | 匿名加工情報
→第三者提供などの利用が可能 |

・個人を識別する情報を削除
・後から復元（特定個人の識別）ができないように置き換える

当初の個人情報

```
氏　　名：甲野一郎
生年月日：昭和46年
　　　　　6月15日
性　　別：男性
住　　所：東京都中野区
　　　　　南中野1－2－3
勤 め 先：株式会社星光商事
運転免許証
　　番号：123456789123
```

→ 匿名加工 →

加工後の匿名加工情報

```
氏　　名：×（削除）
生年月日：40代
性　　別：男性
住　　所：東京都在住
勤 め 先：会社員
運転免許証
　　番号：×（削除）
```

第4章　セキュリティ対策のための法律と書式　201

さらに、匿名加工情報の第三者への提供時や第三者からの受領時において も、本人の同意は不要です。匿名加工情報は本人を特定することができず、同意を得ることができないからです。たとえば、匿名加工情報の売買も法的には可能といえます。

匿名加工情報取扱事業者とは

特定の個人を識別できる情報の削除・置き換えなど（匿名加工）を施すことで、特定の個人を識別できないようにした情報を匿名加工情報といいます。そして、匿名加工情報を体系的に整理したもの（匿名加工情報データベース等）を事業に利用する事業者を「匿名加工情報取扱事業者」といいます。

なお、個人情報から匿名加工情報を自ら作成した提供元が、その匿名加工情報を自ら利用する場合、提供元は個人情報取扱事業者に該当すると共に、匿名加工情報取扱事業者にも該当します。この個人情報から匿名加工情報を作成した個人情報取扱事業者は、今後利用する匿名加工情報の項目をWebサイトに掲載するなどの方法で公表することが義務付けられています。

また、提供元である匿名加工情報取扱事業者は、自ら匿名加工情報を作成した個人情報取扱事業者でなくても、匿名加工情報の第三者提供をする際に、提供する情報の項目や提供方法を公表する義務が課されています（告知義務）。これに対し、匿名加工情報を受領した匿名加工情報取扱事業者は、匿名加工情報の作成時に削除された情報または匿名加工方法に関する情報を取得するなどの識別行為や、匿名加工情報を他の情報と照合する行為をすることが禁止されます。

さらに、匿名加工情報取扱事業者には、提供側か受領側かを問わず、安全管理に必要な措置や苦情処理のための措置などを講じた上で、その内容を公表する努力義務が課されています。

個人情報を利用するときには どんなことに注意するのか

利用目的変更の要件が緩和された

● 利用目的の特定

　個人情報保護法は、事業者が個人情報の利用によって得る利便を認めながら、利用される側の本人の利益や権利を損なわないような利用を推進することを求めており、そのために必要な義務として、「利用目的の特定」を挙げています。

　利用目的を特定する際の表現方法については、個人情報保護委員会が公表している「個人情報保護法ガイドライン」において、「最終的にどのような事業の用に供され、どのような目的で個人情報を利用されるのかが、本人にとって一般的かつ合理的に想定できる程度に具体的に特定する」ことを求めています。よって、「サービスのため」などの抽象的な表現では、利用目的の特定が不十分とされます。

　利用目的として定めるべき内容については、公序良俗や常識に反するようなものが除外されることは当然ですが、法律上はとくに明確な制限がなく、幅広い用途に利用することが認められています。

　ただし、一度利用目的を特定すると、原則として、現在の利用目的と「関連性」があると認められる内容を超えて、利用目的の変更ができなくなりますから、利用目的を定める際に注意が必要です。

　なお、改正前は「相当の関連性」があると認められる場合に限り、利用目的の変更ができることになっていました。しかし、平成27年改正によって「相当の」という文言が削除され、「関連性」があると認められれば利用目的の変更が可能になりました。つまり、利用目的変更の要件が緩和されたということができます。

第4章　セキュリティ対策のための法律と書式　203

● 利用目的による制限

　個人情報取扱事業者は、あらかじめ本人の同意を得ないで、特定された利用目的を達成するために必要な範囲を超えて個人情報を取り扱ってはいけないといった制限も受けることになります。

　あらかじめ本人の同意を得ずに特定された利用目的の達成に必要な範囲を超えて個人情報を取り扱うことが認められるのは、法令に基づく場合や、人の生命・身体または財産の保護のために必要がある場合であって本人の同意を得ることが困難であるときなど、例外的な場合に限られます。

　特定した利用目的は、情報の取得以前に公表、あるいは取得後速やかに本人に通知または公表することが義務付けられています。

　ただし、通知または公表によって、本人または第三者の生命、身体、財産その他の権利利益を害するおそれがある場合や、個人情報取扱事業者の権利または正当な利益を害するおそれがある場合など、一定の事情が生じる場合には、個人情報取得前の公表または取得後の本人への通知・公表を行っていなくても個人情報保護法違反にはなりません。

● 個人データの正確性の確保と消去

　個人情報保護法は、偽りその他不正の手段により個人情報を取得することを禁じています。さらに、個人データを正確かつ最新の内容に保つ努力をするよう求めています。これは誤った個人情報を利用して事業活動や第三者提供などを行うことで、その個人情報の本人が多かれ少なかれ被害を受ける可能性が高いからです。

　個人データの正確性・最新性を維持するための措置として、たとえば、「Webサイト上で個人情報を入力する際に、入力内容を確認する画面を1回以上表示する」「事業者が保有する個人情報の中に本人が誤りを見つけた場合の変更・訂正の方法を明確にしておく」「定期的に登録内容の変更または確認をしてもらう」などが考えられます。

また、平成27年改正では、個人情報取扱事業者に対して、すでに利用目的がなくなった場合、または個人情報を利用する事業自体が消滅した場合に、個人情報を消去する努力をするよう求める規定が新設されていることに注意が必要です。

● 個人データの安全管理措置義務

　個人情報取扱事業者の重要な義務の１つとして、「安全管理のための措置」が挙げられます。安全管理措置とは、要するに「個人情報の漏えいなどが生じないようにするための体制を整えること」を意味します。

　安全管理をせず個人情報を利用することによる被害は、個人情報の本人はもちろん、周辺の家族、親族、勤務先、関連企業、そして個人情報取扱事業者自身まで、重大かつ広範囲に及ぶおそれがあります。

　これを阻止するための土台として、個人情報保護法は取り扱う個人データの漏えい、滅失または毀損の防止その他の個人データの安全管理のために必要かつ適切な措置を講じることを求めています。

■ 個人情報の取扱いの注意点 ……………………………………

① 利用目的を特定しなければならない

② 利用目的に沿った項目のみを取得しなければならない

③ 取得に際しては利用目的を通知・公表しなければならない

④ 適正な手段によって取得しなければならない

⑤ 情報の取扱管理者を定めなければならない

⑥ 保管場所や保管方法、利用期限を定めなければならない

第４章　セキュリティ対策のための法律と書式

「必要かつ適切な安全管理措置がとられていない状態」とは、たとえば、公開されることを前提としていない個人データを誰でもアクセスすることができるWebサイト上に公開しているという状態で放置している場合や、CD-Rなどに保存している個人データのバックアップデータを何の制限もなく事業所の外に持ち出せる状態に置いている場合などです。

個人情報保護法ガイドラインは、さらに施すべき安全管理措置として次の4つを示しています。

① 　組織的安全管理措置

② 　人的安全管理措置

③ 　物理的安全管理措置

④ 　技術的安全管理措置

● 第三者への委託・再委託

近年は、アウトソーシングとして、業務の一部を外部に委託することが増えています。業務委託に伴い、顧客情報などの個人データを外部に提供するケースも生じます。この場合、個人情報取扱事業者である企業（委託元）は、委託先の企業が個人データを適正に利用するよう監督する義務があります。適切な委託先を選定した上、委託元と委託先との間で、適切な安全管理措置について契約を交わします。

なお、委託の内容によっては、委託先が任された業務の全部または一部を、さらに別の企業に対し再委託を行う場合があります。この場合、委託元は再委託先に対して、直接または委託先を介する形で、個人データを適正に利用するよう監督しなければなりません。再委託先が適切な安全管理措置をとらず、個人データが漏えいした場合は、委託元が損害賠償責任などの法的責任を負う可能性があります。

個人情報保護対策について知っておこう

個人情報保護方針を策定する

● 個人情報保護方針を策定する

　個人情報保護について事業者としての姿勢を明確にするために、個人情報保護方針（プライバシーポリシー）を策定するという方法があります。プライバシーポリシーの策定は、企業のコンプライアンスの一環としても積極的に取り組まれており、個人情報保護法を守って適正に個人情報を扱うことを示し、基本方針を明らかにすることで、企業側が情報保護の重要性を再認識する契機とすると共に、顧客からの信頼度を高める効果も期待できます。

　個人情報保護法ガイドラインなどでは、①事業の内容・規模を考慮した適切な個人情報の取扱いに関すること、②個人情報の保護に関する法律を遵守すること、③個人情報の安全管理措置に関すること、④マネジメントシステムの継続的改善に関すること、という4つの事項を盛り込んだ個人情報保護方針を策定し、ホームページなどで公表することが望ましいとしています。

● 保有する個人情報の洗い出し

　企業や事業所は、保有する個人情報が「個人情報」「個人データ」「保有個人データ」のいずれに該当するかを明らかにしておく必要があります（200ページ図）。区分によって果たすべき義務が変わってくるからです。

　一番広い概念である「個人情報」には、利用目的の特定や通知・公表の実施、利用目的の範囲を超えた利用の禁止、不正な取得の禁止、苦情処理などの義務があります。「個人データ」には以上に加え

て、データ内容の正確性の確保、安全管理措置、従業者・委託先（再委託先を含む）の監督、第三者提供の制限などの義務があります。さらに、「保有個人データ」には以上に加えて、本人からの開示・訂正等・利用停止等の請求（210ページ）に応じる（応じないことを決めた場合はその旨を通知）ことが義務付けられています。

　これらの義務を明確にすることによって、社内での個人情報保護の安全管理体制をどのように構築するべきかが見えてきます。

● 外部委託している場合にはどうする

　前述したように、経費節減、作業の早期完了などを目的として、自社の業務の一部を外部委託すること（アウトソーシング）が増えています（206ページ）。たとえば、入手した個人情報をデータベースの形に加工する（個人情報データベース等にする）業務や、商品の発送業務を外部業者（委託先）に委託する場合、委託先が自社の個人データを保有することになります。

　この場合、利用目的の範囲内で外部委託を行う限り、個人データの第三者提供にあたらないため、個人データの受渡しに関して、本人の同意やオプトアウト手続（200ページ）は必要ありません。

　しかし、委託元である個人情報取扱事業者は、外部委託に際して、委託先が個人データを適正に利用するよう監督する義務（安全管理措置義務）が生じます。このとき、委託元が委託先に出向いて作業を監督するわけにはいかないため、委託先と委託先の間で「個人データを適正に取り扱います」という契約書を取り交わし、不正利用を食い止める手段がとられます。契約書には、定期的に安全管理措置の状況について確認する条項を設けることも必要でしょう。

● 個人情報を含むデータはいつまで保存すべきか

　情報漏えいなどのリスクを考えると、利用目的を果たした個人情報

を含むデータは、できるだけ保有しない方が無難です。

　前述したように、平成27年改正により、個人情報取扱事業者に対して、利用目的がなくなった個人データを遅滞なく消去するよう努力する義務が規定されました（205ページ）。安全管理の面からも、事業者の内部で、個人情報を含むデータの保存方法、管理担当者、破棄のタイミングなどについて明確にしておく方がよいでしょう。

情報漏えい時の危機管理

　まずは、情報漏えいなどの事故をできるだけ早く、確実に発見することが重要です。事業者側で監視をする体制を整えることはもちろん必要ですが、個人情報の取扱いに関する窓口を作って早急に対応できるような体制を整えておきましょう。窓口を設置した後に電話番号、メールアドレス、担当者名などをWebサイト上でわかりやすい形で公表しておきます。

　情報漏えいなどが発覚したときにしなければならないことは、原因究明と被害拡大の防止、本人に対するアフターフォロー、再発防止の体制作りです。今後の情報漏えいを食い止めるための技術的な対策と同時に、被害者に対する連絡と謝罪、今後の対応についての相談などを行います。損害賠償やシステムの復旧については、被害拡大が阻止され、ある程度メドが立ってから行うことになるでしょう。

■ 外部委託における事業者（委託元）の義務

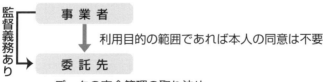

第4章　セキュリティ対策のための法律と書式　209

窓口対応のポイントについて知っておこう

開示等の請求における本人確認手続きには慎重な配慮が必要である

● 開示等の請求とは

　平成27年改正により、自分の個人情報が不正に利用されることがないように、その本人が行使できる各種の請求権（開示等の請求）が明確化されました。開示等の請求とは、①開示の請求、②訂正・追加・削除の請求（訂正等の請求）、③利用停止・消去の請求（利用停止等の請求）の3つの請求権を指します。

　ただし、開示等の請求の対象となるのは「保有個人データ」、つまり個人情報保護取扱事業が開示・訂正等・利用停止等を行う権限のある個人データに限られます（200ページ）。

● 窓口体制の整備と担当者の対応方法

　個人情報保護法は、個人情報の取扱いに関する苦情に適切かつ迅速に対応するため、必要な体制を整える努力義務を課しています。通常は、個人情報保護の担当者を設置するか、お客様相談センターなどの窓口で受け付けるといった体制をとるところが多いようです。

　窓口での対応に際しては、「請求しているのが本人（または正当な代理人）であるかどうか」「要求している内容、その理由は何か」などを正確につかみ、請求の正当性を確認することが重要になります。

　窓口対応の中でも難しいのが本人確認の手順です。情報漏えいを阻止するため、「なりすまし」などにだまされない手順を構築しておくことが必要です。たとえば、来所した人に本人確認する場合は、運転免許証、パスポート、個人番号カード（マイナンバーカード）など、写真入りの身分証明書の提示を求めるのが確実です。その他、健康保

険証や年金手帳などの公的書類の提示を求める方法もあります。

　電話の場合は、いったん電話を切ってかけ直す（コールバック）、保有個人データに記載された情報（生年月日など）を尋ねて回答してもらう、などで本人確認を行う方法があります。

　これらの方法で本人（または代理人）であるのを確認してから回答を行うことになります。まず、利用目的の通知や保有個人データの開示を求められた場合は、書面などで回答する必要があります。

　また、本人から訂正等の請求を受けた場合は、利用目的の範囲内で調査を実施し、その結果によって訂正等を行います。訂正等を行った際には、本人に対してその内容を通知しなければなりません。

　一方、利用停止等の請求を受けた場合は、違反や不正がある場合に限り、利用停止等に応じればよいことになっています。そして、利用停止等の手続きを行った場合は、訂正等を行った際と同様に、その内容を本人に通知しなければなりません。

● 開示をしなくてもよい場合

　次の事項のいずれかに該当する場合は、保有個人データの全部または一部の開示に応じなくてもよいと規定されています。
① 　本人または第三者の生命、身体、財産その他の権利利益を害するおそれがある場合
② 　事業者の業務の適正な実施に著しい支障をきたすおそれがある場合
③ 　開示することが他の法令違反となる場合

● 訂正等・利用停止等の請求への対応

　訂正等の請求について、訂正等の対象となるのは氏名の誤字や住所変更などの事実の部分です。人事評価などの事実以外の部分は訂正等の請求の対象外であるため、仮に請求を受けても訂正等に応じる必要はありません。

第4章　セキュリティ対策のための法律と書式　**211**

一方、利用停止等の請求については、本人に通知または公表されている利用目的を逸脱して情報が利用された場合、個人情報の取得が不正に行われたことが認められる場合、本人の同意やオプトアウト手続を経ずに個人データが第三者提供された場合など、違反や不正を是正するために必要な範囲内で、利用停止等に応じる必要があります。

　したがって、適法・正当な手続きを経て個人情報を取得してダイレクトメールを送付したような場合は、送付先の個人から利用停止等を請求されても、法的には応じる義務がありません。しかし、利用停止等を請求している個人と今後取引が発生する可能性は低く、無用なトラブルを防ぐため、利用停止等に応じる方が得策と考えられます。

　このように、開示等の請求に関しては、すべて本人の請求通り応じなければならないわけではありません。ただし、請求に応じない場合は、本人に対して、できるだけ早くその旨を通知することが義務付けられており、さらに、その理由に関してもできるだけ説明する努力義務が課せられています。

■ 開示・訂正等、利用停止等の請求

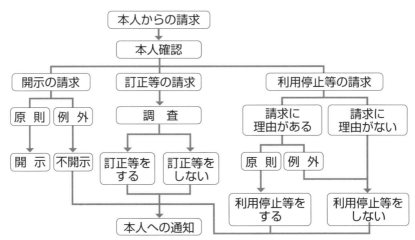

書式
1

プライバシー・ポリシー
（個人情報保護方針）

プライバシー・ポリシー（個人情報及び特定個人情報等保護方針）

　わが社は、現代情報化社会における個人情報及び特定個人情報等（個人番号及び個人番号をその内容に含む個人情報をいう。以下同じ）の重要性及びその侵害の危険性について真摯に認識し、全社を挙げて個人情報及び特定個人情報等の保護に努めるべく、ここに宣言する。

第１条（個人情報及び特定個人情報等の取得）
① 　わが社は、個人情報を取得するにあたっては、個人情報保護法及び番号利用法の理念に沿って、適正な手段を講じるものとする。また、要配慮個人情報（人種、信条、社会的身分、病歴、犯罪の経歴、犯罪被害の事実等に関する情報をいう、以下同じ）の取得は、本人の同意なく取得することをしない。
② 　わが社は、個人番号関係事務を処理するために必要がある場合に限り、特定個人情報等を取得し、番号利用法の理念に沿って、適正な手段を講じるものとする。

第２条（個人情報及び特定個人情報等の管理）
① 　わが社は、取得した個人情報及び特定個人情報等の正確性を保ち、これを安全に管理し、そのために必要な物的・人的・技術的安全管理体制を整えるものとする。なお、特定個人情報の取得に際しては、厳格な本人確認を実施する。
② 　わが社は、IT社会における個人情報及び特定個人情報等保護のため、不正アクセス等に対するセキュリティ体制を整えるべく努めるものとする。
③ 　わが社は、取締役以下全従業員、業務上取り扱う個人情報及び特定個人情報等保護のために、管理方法等の研修を実施するものとする。
④ 　わが社は、個人情報及び特定個人情報等の管理を徹底するために、個人情報保護責任者及び特定個人情報等保護責任者を任命し、その

第４章　セキュリティ対策のための法律と書式 　213

任にあたらせるものとする。

第3条（個人情報及び特定個人情報等の利用）

① わが社は、取得した個人情報については、その取得に至る利用目的の範囲内において、かつ、業務上必要な限度においてのみ、利用するものとする。

② わが社は、個人番号関係事務を処理するために必要がある場合、業務上必要な限度においてのみ、特定個人情報等を利用するものとする。なお、たとえ本人の同意があっても必要な限度を超えて特定個人情報等を利用しない。

③ わが社は、個人情報の取扱いを第三者に委託する場合、第三者と共同して利用する場合には、当該第三者について、厳正かつ適正な調査および監督を施すものとする。

④ わが社は、個人情報の取扱いを第三者に委託する場合、第三者と共同して利用する場合には、外部委託管理規程、外部委託運用細則を遵守し、秘密保持契約を締結するものとする。

⑤ わが社は、個人番号関係事務を処理するために必要がある場合、業務上必要な限度においてのみ、特定個人情報等の取扱いを第三者に委託するものとする。また、個人番号関係事務の全部または一部を第三者に委託するときは、外部委託管理規程、外部委託運用細則を遵守し、秘密保持契約を締結するものとする。なお、委託先がわが社の許諾を得て再委託する場合においても同様とする。

⑥ わが社は、個人番号関係事務を処理する必要がなくなった場合、法令の保存期間経過後、速やかに特定個人情報等を廃棄または削除するものとする。

第4条（匿名加工情報）

① わが社は、業務上必要な場合において、個人情報を特定の個人が識別できず、かつ復元することができないよう匿名加工を施し、匿名加工情報を作成するときは、個人情報保護委員会規則の定める手続きに従って、適切な加工を行うものとする。

② わが社は、前項により作成された匿名加工情報を第三者に提供するときは、提供する情報の項目及び提供の方法について公表すると

共に、提供先の第三者に対して、当該提供する情報が、匿名加工情
報である旨を明示するものとする。

③　わが社は、匿名加工情報の安全管理に必要、かつ、適切な措置を
講じ、講じた措置の内容を公表するものとする。

第５条（個人情報及び特定個人情報等の第三者提供）

①　わが社は、法令に定めがある場合を除いて、事前に本人の同意を
得ることなく、個人情報を第三者に対して提供することはしない。

②　わが社は、個人情報を第三者に対して提供するときは、個人情報
保護委員会で定める規則に従い、当該個人情報を提供した年月日、
当該第三者の氏名等の記録を作成し、一定の期間保存するものとする。

③　わが社は、法令に定めがある場合を除いて、特定個人情報等を第
三者に対して提供することはしない。

第６条（個人情報び特定個人情報等の開示等）

①　わが社は、個人情報び特定個人情報等については、その本人から
の、開示、訂正等、利用停止等の請求がある場合には、必要な範囲
内で、適正かつ速やかな対応を講ずるものとする。

②　わが社は、特定個人情報等については、自らの特定個人情報等が
違法に第三者に提供されている訴えがあり、かつ、それが事実で
あったときに、遅滞なく第三者への提供を停止するものとする。

第７条（個人情報保護マネジメントシステムの策定）　わが社は、本方
針の内容を実現し、個人情報保護及び特定個人情報等保護対策を実現
するために、これらの情報を適切に利用すると共に、個人情報管理規
則及び特定個人情報等管理規則を策定し、取締役以下全従業員その他
関係者に周知徹底し、かつ、継続的に改善していくものとする。

附　則

1　この規則を変更または廃止する場合は、取締役会の承認を必要と
する。

2　この規則は平成26年４月５日制定し、同日実施する。

3　この規則の主管者は総務部門長とする。

（制定記録）

    制定   平成26年4月5日

    改訂   平成30年4月5日

Point

1　プライバシー・ポリシーとは

　プライバシー・ポリシー（個人情報保護方針）は、個人情報保護のための、会社としての基本姿勢を明らかにしたものです。プライバシー・ポリシーはWebサイト上で顧客の情報（個人情報）をどのような目的で収集するのか、どのような方法で収集しているのか、どのような取扱いをするのか（保護の手段や管理体制はどのようなものか）を明示するものです。

　インターネットの利用者にとっては、なるべく自身の情報を入力することや、自身が特定されることは避けたいものです。プライバシー・ポリシーは、こういった利用者に対して警戒心を解いたり、不安を和らげようとする意味を持っており、同時に後述するような組織としての個人情報保護の規範を確認する目的を持っています。

　プライバシー・ポリシーの内容は、個人情報保護規程（次ページ）などで具体化されます。個人情報保護方針を自社のWebサイト上に掲げておくのもよいでしょう。法律上は、当該方針の作成や公表は義務付けられていませんが、公に宣言することで、会社としてそれに応じた責任が生じます。公表することで消費者や社会的な信頼を得やすくなりますが、反面、方針に反すれば、社会的に批判されるおそれもあるので注意が必要です。

2　個人情報・個人情報取扱事業者

　個人情報とは、①生存する、②個人に関する情報のうち、③特定個人を識別できる情報（他の情報と照合して容易に特定個人を識別できる場合を含みます）のことです。個人情報取扱事業者（個人情報データベース等を事業の用に供している者）は、個人情報や個人データの取扱いにあたって利用目的の特定、安全管理措置義務、第三者提供の原則禁止など、さまざまな義務を負います。

書式 2 個人情報保護規程

個人情報保護規程

第1条（目的） 本規程は、わが社がプライバシー・ポリシー（個人情報及び特定個人情報等保護方針）に基づいて、その保有する個人情報及び特定個人情報等（個人番号及び個人番号をその内容に含む個人情報をいう。以下同じ）の適正な保護を実現することをその目的とするものである。

第2条（定義） 本規程における用語については、次の各号に定めるところとする。

① **個人情報**

生存する個人に関する情報であって、当該情報に含まれる氏名、生年月日その他の記述等により特定の個人を識別することができるもの（他の情報と容易に照合することができ、それにより特定の個人を識別することができることとなるものも含むものとする）、及び個人識別符号が含まれるものをいう。

② **個人識別符号**

特定の個人の身体の一部の特徴を電子計算機の用に供するために変換した文字、番号、記号その他の符号、又は役務や商品の購入に関し特定の個人ごとに異なるものとなるように割り当てられる文字、番号、記号その他の符号であって、当該特定の個人を識別することができるものをいう。

③ **本人**

個人情報により、識別される特定の個人をいう。

④ **利用**

わが社内で個人情報を処理することをいう。

⑤ **提供**

わが社以外の者に対し、わが社の保有する個人情報を利用可能な状態にすることをいう。

第4章　セキュリティ対策のための法律と書式　**217**

⑥　個人情報保護コンプライアンス・プログラム

方針、組織、計画、監査及び見直し等、わが社が保有する個人情報を保護するための社内のしくみのすべて。

⑦　個人情報等保護責任者、特定個人情報等保護責任者

個人情報保護コンプライアンス・プログラムの実施及び運用に関する責任と権限を有する者を個人情報等保護責任者とする。また、個人情報等保護責任者のうち、特に個人番号関係事務の安全管理に関する責任と権限を有する者を特定個人情報等保護責任者とする。

⑧　監査責任者

個人情報の保護及び管理に関して、監査の実施及び報告を行う責任と権限を有する者をいう。

⑨　従業者

わが社の組織内で指揮監督を受けつつ、個人情報の取扱いに従事する者で、取締役、執行役員、監査役、従業員、派遣社員等を含む。

⑩　要配慮個人情報

本人の人種、信条、社会的身分、病歴、犯罪の経歴、犯罪により害を被った事実その他本人に対する不当な差別、偏見その他の不利益が生じないようにその取扱いに特に配慮を要する個人情報をいう。

⑪　個人情報データベース等

特定の個人情報を電子計算機を用いて検索することができるように体系的に構成した個人情報の集合物、及び特定の個人情報を容易に検索することができるように体系的に構成したものをいう。

⑫　個人データ

個人情報データベース等を構成する個人情報をいう。

⑬　保有個人データ

わが社が、開示、訂正等（内容の訂正、追加又は削除）、利用停止等（利用の停止、消去）及び第三者への提供の停止を行うことのできる権限を有する個人データをいう。

⑭　匿名加工情報

一定の措置を講じて特定の個人を識別することができないよう個人情報を加工して得られる個人に関する情報で、当該個人情報を復元す

ることができないようにしたものをいう。

⑮　**個人番号関係事務**

　個人番号利用事務に関して行われる、必要な限度で他人の個人番号を利用することにより行う事務をいう。

⑯　**個人番号関係事務実施者**

　個人番号関係事務を処理する者、及び個人番号関係事務の全部または一部の委託を受けた者をいう。

第3条（適用範囲）　本規程は、わが社の従業者に対して適用するものであり、わが社が利用又は提供する個人情報、個人データ、保有個人データ及び特定個人情報（以下、「個人情報等」という）において、本規程の趣旨に従うものとする。

第4条（個人情報の取得の原則）　個人情報の取得については、明確な利用目的の下、当該目的の達成のために必要な範囲内においてのみ行うものとする。

2　前項の個人情報の取得は、偽りや不正な手段を用いず、適正な方法により行うものとする。

3　要配慮個人情報については、本人の事前の同意なくしては取得しないものとする。

第5条（取得の手続き）　新規に個人情報を取得する場合においては、事前に、個人情報保護責任者に利用目的及び実施方法を届け出て、その承認を得るものとする。

第6条（本人より直接に個人情報を取得する場合の手続き）　本人から直接に個人情報を取得する場合は、本人に対して、書面または電子的方法等これに準ずる方法によって、次の各号に掲げる事項を通知し、事前に本人の同意を得るものとする。

①　個人情報の取得及び利用の目的

②　個人情報保護責任者の氏名、職名、所属、連絡先

③　個人情報の取扱いの委託が予定されている場合には、その旨

④　個人情報の提供を行うことが予定されている場合は、その目的、当該個人情報の受領者または受領者の組織の種類、属性及び個人情報の取扱いに関する契約の有無

第4章　セキュリティ対策のための法律と書式　**219**

⑤　本人に、保有個人データの開示、訂正等、利用停止等及び第三者提供の停止を請求する権利があること。なお、右各権利を行使するための手続きも含むものとする。

⑥　わが社に個人情報を与えることは、本人の任意であること、及び当該情報を与えなかった場合に本人に生じる結果

第7条（本人以外より間接的に個人情報を取得する場合の手続き）　本人以外から間接に個人情報を取得する場合には、書面または電子的方法等これに準ずる方法によって、前条第1号ないし第5号に掲げる事項を通知し、事前に本人の同意を得るものとする。

2　前項の規定は、次の各号のいずれかに該当する場合は適用しないものとする。

①　前条第4号により本人の同意を得ている者から取得する場合

②　個人情報の取扱いについて委託を受ける場合

③　その他本人の保護に値する利益が侵害されるおそれのない場合

第8条（個人情報の利用の原則）　個人情報は、原則として、具体的な権限を与えられた者のみが、その利用目的の範囲内で、業務の遂行上必要な限りにおいてのみ、利用することができるものとする。

2　利用目的を変更する場合、変更前の利用目的と関連性を有すると合理的に認められる範囲を超えて行わないものとする。また、変更した利用目的は、本人に通知するか、又は公表するものとする。

第9条（個人情報の目的外利用）　利用目的の範囲を超えて個人情報を利用する場合には、書面または電子的方法等これに準ずる方法によって、第6条第1号ないし第5号に掲げる事項を通知し、事前に本人の同意を得るものとする。

2　前項に規定する本人の同意を求める場合には、個人情報保護責任者の承認を得るものとする。

第10条（個人データの取扱いの委託）　個人データの取扱いを第三者に委託する場合には、個人情報保護責任者の承認を得るものとする。

2　個人データの取扱いの全部又は一部を第三者に委託する場合は、当該第三者における個人情報保護体制の状況等を勘案した上、委託を行うことの適切性を検討し、当該第三者との間で適切な監督を行うため

に必要な事項（秘密保持を含む）を定めた業務委託契約を締結した上で提供を行うものとする。

3　前項の適切性の判断には、本規程の他、わが社の各種規程に基づき行うものとする。なお、委託先に対しては適切な監督を行わなければならない。

第11条（個人データの共同利用）　個人データを第三者との間で共同利用する場合には、個人情報保護責任者の承認を得るものとする。

第12条（個人データの管理の原則）　個人データは、その利用目的の達成に必要な範囲内において、適正な方法のもと、正確かつ最新の状態で管理するものとする。

2　個人データを利用する必要がなくなったときは、当該個人データを遅滞なく消去するものとする。

第13条（安全管理対策）　個人情報保護責任者は、個人情報及び特定個人情報等の紛失、改ざん、漏えい、破壊、不正アクセス等のリスクに対して、必要かつ適切な安全管理対策を講じるものとする。

2　個人情報保護責任者は、匿名加工情報の安全管理のために必要な措置、匿名加工情報の作成その他の取扱いに関する苦情の処理、その他匿名加工情報の適正な取扱いを確保するために必要な措置を講じ、かつ、当該措置の内容を公表するものとする。

第14条（個人データの第三者提供の原則）　個人データは、事前に本人の同意を得ることなく、第三者に提供してはならないものとする。

2　個人データを第三者に提供する場合には、書面または電子的方法等これに準ずる方法によって、第6条第1号ないし第5号に掲げる事項を通知し、事前に本人の同意を得るものとする。

3　前項の場合においては、個人情報保護責任者の承認を得るものとする。

4　わが社が第三者から個人データの提供を受ける場合、又は個人データを第三者に提供する場合、適切に記録をするものとする。

第15条（特定個人情報）　わが社が特定個人情報を取り扱う個人番号関係事務の範囲は、次の通りとする。

①　給与所得・退職所得の源泉徴収票作成事務

②　雇用保険届出事務

第4章　セキュリティ対策のための法律と書式　**221**

③　労働者災害補償保険法に基づく請求に関する事務

④　健康保険・厚生年金保険届出事務

⑤　国民年金の第三号被保険者の届出事務

⑥　報酬・料金等の支払調書作成事務

⑦　配当、剰余金の分配及び基金利息の支払調書作成事務

⑧　不動産の使用料等の支払調書作成事務

⑨　不動産等の譲受けの対価の支払調書作成事務

2　わが社は、前項に掲げる事務を処理するために必要がある場合に限り、本人又は他の個人番号関係事務実施者に対して個人番号の提供を求めることができるものとする。

3　個人番号関係事務取扱者は、個人番号関係事務を行うにあたり別途定める誓約書をわが社へ提出しなければならないものとする。

4　個人番号関係事務取扱者は、個人番号関係事務を取り扱う情報システム及び機器等を適切に管理し、利用権限のない者には使用させてはならない。

5　特定個人情報保護責任者は、特定個人情報の管理区域及び取扱区域を明確にし、それぞれの区域に対し、適切な措置を講じ管理するものとする。

6　特定個人情報保護責任者は、個人番号関係事務の運用状況を明確にするため、個人番号関係事務取扱者に取扱いの状況を確認するための記録を作成させるものとする。

第16条（匿名加工情報）　わが社において匿名加工情報を作成するときは、特定の個人を識別すること及びその作成に用いる個人情報を復元することができないようにするため、個人情報保護法その他関係法令に定められた基準に従い、当該個人情報を加工するものとする。個人情報に個人識別符号が含まれる場合は、当該個人情報に含まれる個人識別符号の全部を削除するものとする。なお、削除には、当該個人識別符号を復元不可能とするよう、規則性を有しない方法により他の記述等に置き換えることも含む。

2　前項により作成された匿名加工情報について、その作成に用いた個人情報から削除した記述、個人識別符号及び加工方法に関する情報の

漏えいを防止するため、必要な安全管理のための措置を講じる。

3　第1項により匿名加工情報を作成したときは、当該匿名加工情報に含まれる個人に関する情報の項目を公表するものとする。

4　匿名加工情報を第三者に提供する場合、第三者に提供される匿名加工情報に含まれる個人に関する情報の項目、及びその提供の方法について公表し、当該第三者に対して、当該提供に係る情報が匿名加工情報である旨を明示するものとする。

5　わが社が匿名加工情報を作成・利用する際は、当該匿名加工情報について他の情報と照合せず、当該匿名加工情報の作成に用いられた個人情報に係る本人を識別することはしない。

第17条（自己情報に関する権利）　保有個人データに含まれる個人情報の本人から開示を求められた場合には、合理的な期間内にこれに応じなければならない。

2　前項に基づく開示の結果、誤った情報が存在する等の理由で、本人より訂正等又は利用停止等を求められた場合には、原則として、合理的な期間内にこれに応ずるものとする。

3　本人からの請求により、訂正等又は利用停止等を行った場合は、知れたる当該個人情報の受領者に対して、その旨の通知を行うものとする。

第18条（自己情報の利用または提供の拒否）　本人から、自己を本人とする個人情報について、その利用または第三者への提供を拒否された場合には、法令に定めのある場合を除いて、これに応じるものとする。

第19条（消去・廃棄の手続き）　わが社が取得し、管理する個人情報の消去及び廃棄は、具体的な権限を与えられた者が行うものとする。

2　前項の消去及び廃棄を行う場合には、個人情報漏えい等の危険を防止するために必要かつ適切な方法を用い、かつ、業務の遂行のために必要な限りにおいてなすべきものとする。

第20条（個人情報保護責任者）　代表取締役は、取締役の中から個人情報保護責任者及び特定個人情報保護責任者をそれぞれ1名任命する。

2　個人情報保護責任者は、本規程の定めるところに従い、個人情報保護に関する内部規程の整備、安全対策の実施等を推進するための個人情報保護コンプライアンス・プログラムを策定し、周知徹底等の措置

第4章　セキュリティ対策のための法律と書式　**223**

を実践する。

3　個人情報保護責任者は、個人情報保護コンプライアンス・プログラムの周知及び確実な実施のため、随時、教育・訓練を行うものとする。

4　特定個人情報保護責任者は、個人番号関係事務が行われるに際し、個人番号関係事務取扱者を任命するものとする。

5　個人情報保護責任者及び特定個人情報保護責任者は、本規程の運用のために、細則を定めるものとする。

第21条（監査）　代表取締役は、監査責任者を任命する。

2　監査責任者は、個人情報等の管理が個人情報保護コンプライアンス・プログラムに従い、適正に実施されているかにつき定期的に監査を行う。

3　監査責任者は、前項の監査の結果につき、監査報告書を作成し、代表取締役に対して報告を行うものとする。この報告の結果、社内における個人情報の管理につき個人情報コンプライアンス・プログラムに違反する行為が判明した場合には、代表取締役は、個人情報保護責任者及び特定個人情報保護責任者並びに関係者に対し、改善指示を行うものとする。

4　前項の改善指示を受けた者は、早急に改善措置をとり、その内容を監査責任者に報告するものとする。この報告を受けた監査責任者は、当該改善措置を評価し、代表取締役並びに個人情報保護責任者及び特定個人情報保護責任者に対して報告するものとする。

第22条（報告義務及び罰則）　個人情報保護コンプライアンス・プログラムに違反する事実または違反するおそれがあることを発見した者は、その旨を個人情報保護責任者及び特定個人情報保護責任者に報告するものとする。

2　前項の報告により違反の事実が判明した場合には、個人情報保護責任者及び特定個人情報保護責任者は、その詳細を代表取締役に報告し、かつ、関係部門に適切な処置を講ずるよう指示するものとする。

3　個人情報保護コンプライアンス・プログラムに違反した従業者は、就業規則の定めるところにより、これを懲戒に処するものとする。

第23条（改定）　代表取締役は、適宜、個人情報コンプライアンス・プログラムの改定を、個人情報保護責任者及び特定個人情報保護責任者

に指示するものとする。

附　　則
1　この規程を変更又は廃止する場合は、取締役会の承認を必要とする。
2　この規程は平成29年6月1日に制定し、同日実施する。
3　この規程の主管者は総務部門長とする。

Ｐｏｉｎｔ

1　個人情報保護規程

　プライバシー・ポリシー（個人情報保護方針）を受けて、会社内での個人情報の管理及び社内体制について、一般的かつ網羅的に規定したものが、個人情報保護規程です。

2　個人情報の取扱い

　事業者は、どのような目的で個人情報を利用するのかを特定しなければなりません。そして、利用目的を特定すると、原則として、現在の利用目的と関連性がある限度を超えて利用目的の変更ができず、本人の同意を得ないで利用目的達成に必要な範囲を超えた個人情報の取扱いができない、という制限を受けます。

　ただし、以下のいずれかに該当する場合は、本人の同意なく利用目的を超えた取扱いをすることが認められます。

① 法令に基づく場合
② 生命、身体または財産の保護のために必要があるが、本人の同意を得ることが困難であるとき
③ 公衆衛生の向上または児童の健全な育成の推進のために特に必要があり、本人の同意を得ることが困難であるとき
④ 法令に定める事務の遂行にあたり、本人の同意を得ることにより当該事務の遂行に支障を及ぼすおそれがあるとき

　なお、個人情報保護法上の義務違反があった場合、個人情報保護委員会から勧告・命令を受ける場合がある他、命令に従わないと刑事罰が科される可能性があります。

第4章　セキュリティ対策のための法律と書式　225

3 個人データの正確性の確保

個人情報保護法は、偽りその他不正の手段による個人情報の取得を禁じており、個人情報を取得した場合は、事前に利用目的を公表している場合を除き、利用目的を本人に通知するか、または公表しなければなりません。さらに、個人データ（個人情報データベース等を構成する個人情報）を正確かつ最新の内容に保ち、不要となった個人データを削除するよう努力することを求めています。

4 個人データの安全管理措置義務

個人情報取扱事業者の重要な義務のひとつとして、個人データの安全管理措置を講じることがあげられます。安全管理措置とは、個人情報漏えいなどを防ぐための体制を整備することを指します。安全管理措置を怠った状態で個人情報を利用することは、当該個人情報の本人の他、周辺の家族や親族、場合によっては勤務先等の取引先にまで被害を与える可能性があります。そこで、個人情報保護法は安全管理のために「必要かつ適切な措置」を求めています。具体的には、①組織的安全管理措置、②人的安全管理措置、③物理的安全管理措置、④技術的安全管理措置という４つの措置を指します。

① 組織的安全管理措置

個人情報取扱事業者が、安全管理について従業者の責任と権限を定めると共に、安全管理の基準となる規程やマニュアルを作成・運用して、常に安全管理実施の状況を確認していくことをいいます。

② 人的安全管理措置

従業者に対する安全管理に関する啓発、教育、訓練等を指します。

③ 物理的安全管理措置

個人情報の所在場所への入退室の制限、保存物件（ファイル、外部記憶装置など）の管理など、情報自体に対する安全管理措置を指します。

④ 技術的安全管理措置

個人データや情報システムに対して、パスワードや生体認証による制御を行うなど、技術的に安全管理措置を施すことをいいます。

書式3 開示請求に対する回答書

回答書

○○○○殿

貴殿から提出されました開示請求書記載の件につき、下記のとおり（開示する・開示しない）ことと決定いたしましたので、ご通知申し上げます。

【開示の対象】

○○○○○○○○○○○○○○○○○○○○○○
○○○○○○○○○○○○○○

【謄写の費用】

謄写の費用として金○○○円をお支払い
いただきますようお願い申し上げます。

※○月○日までに、当社にあらかじめご連絡のうえ、お越し下さいますようお願い申し上げます。

【不開示の理由】

○○○○○○○○○○○○○○○○○○○○○○
○○○○○○○○○○○○○○

平成○○年○月○日

　　　　　　　　　　　　　株式会社○○○○
　　　　　　　　　　　　　　代表取締役　○○○○
　　　　　　　　　　　　　　担当者　　　○○○○

第4章　セキュリティ対策のための法律と書式

書式 4　秘密保持契約書

秘密保持契約書

　委託者株式会社○○（以下「甲」という）と受託者株式会社○○ソフトサービス（以下「乙」という）とは、以下の通り秘密保持契約を締結するものとする。

第1条（目的）　本契約は、甲乙間において締結した平成○○年○月○日付業務委託契約（以下「原契約」という）に伴い、乙が知り又は知り得た甲の秘密情報を保持することを目的として締結されるものである。

第2条（定義）　秘密情報とは、甲が秘密として指定した乙の管理する情報をいう。ただし、次の各号に定めるものは除くものとする。

① 乙が原契約の締結前よりすでに保有していた情報

② 乙が秘密保持義務を負うことなく第三者から適法かつ正当に入手した情報

③ 乙が独自に開発した事項に関する情報

④ 甲が公表することを承諾した情報

⑤ すでに公知となっている情報

⑥ 開示後に公知となった情報

第3条（秘密保持義務）　乙は、前条に規定する秘密情報を保持しなければならない。

2　乙は、秘密情報を複製又は複写してはならない。

3　乙は、原契約の履行のため、秘密情報を複製又は複写する必要がある場合には、事前に、甲の承認を得なければならない。この場合、乙は、甲に対し、複製又は複写する範囲・数量等、甲が要求する事項を記載して書面により通知しなければならない。

第4条（秘密情報の取扱い）　乙は、原契約に定める利用目的に必要な範囲内で、所定の担当者によってのみ、秘密情報を取り扱うことができるものとする。

第5条（秘密情報の取扱いの再委託）　乙は、次項に該当する場合を除き、秘密情報の取扱いを、第三者に再委託してはならない。

2　乙は、原契約の履行のため、秘密情報の取扱いを再委託する必要がある場合は、事前に、甲の承認を得なければならない。この場合、乙は、甲に対し、再委託業務の内容、再委託先の詳細等、甲が要求する事項を記載して書面により通知しなければならない。

第6条（安全管理体制の整備）　乙は、甲の個人情報保護コンプライアンス・プログラムに合致する秘密情報の安全管理体制を整えなければならない。

第7条（報告及び監査）　乙は、甲に対し、秘密情報の取扱状況につき、毎月1回以上、定期的に報告を行い、甲は、事前に通知することなく、監査を行うことができる。

第8条（責任分担）　乙の故意又は過失を問わず、秘密情報の漏えいなどの事故が発生した場合には、乙は、甲に対し、速やかに当該事故の事実を報告し、適切な措置を講じなければならない。

2　前項の事故を原因として、秘密情報の主体等から甲が損害賠償責任等の追及を受けた場合には、乙が、これを負担するものとする。

第9条（期間）　本契約の有効期間は、平成○○年○月○日から平成○○年○月○日までとする。

第10条（解除）　甲は、乙が本契約で規定する条項の一つに違反した場合には、事前の予告なく、原契約を解除することができる。

第11条（秘密情報の返還または廃棄）　乙は、原契約の履行が終了した場合は、甲から提供を受けた秘密情報及びその複製物並びに複写物のすべてを甲に返還し、又は、廃棄するものとする。

第12条（合意管轄）　本契約に関して、甲乙間に生じる一切の紛争は○○地方裁判所を第一審の専属的合意管轄裁判所とする。

　本契約の成立を証するため、本書2通を作成し、甲乙署名又は記名押印の上、各1通を保管するものとする。

　平成○○年○月○日

（甲）東京都○○区××○丁目○番○号
　　　株式会社○○
　　　代表取締役　　○○○○　㊞
（乙）東京都○○区××○丁目○番○号
　　　株式会社○○ソフトサービス
　　　代表取締役　　○○○○　㊞

Ｐｏｉｎｔ

1　どんな契約なのか

　秘密保持契約とは、企業が秘密情報を開示した場合に、その情報を外部に漏らさないことを約束させる契約のことです。業務委託などで他社に自社の業務を委託する場合には自社の機密情報が漏えいする可能性がありますから、このような秘密保持契約を締結し、相手の会社にも秘密情報を厳重に管理してもらうことが不可欠です。社内で規定されている「個人情報保護規程」「個人情報取扱運用細則」に沿った形で、個人情報の保護を図ることも狙いのひとつです。

　契約書には、秘密保持契約の対象となる秘密の範囲と義務を負う者について明らかにします。秘密保持の期間については、あまりに長期間だと受託者側の負担が過大になるため、相手方と調整することが必要です。

2　秘密保持条項にはどんな内容が規定されているのか

　秘密保持契約においては、最低でも「対象の秘密を目的外に使用しない」「対象の秘密を（アクセス権者のない）第三者に開示しない」という趣旨の秘密保持義務を規定します。秘密保持の精度を高めるために、これらに加えて次のような規定を置くことも考えられます。ただし、どの規定を置くかは、その情報の重要度や形状、内容などによって異なります。

①　対象の秘密が記録された媒体の複製や社外持ち出し、送信などの禁止
②　対象の秘密の適正な管理及び管理への協力
③　退職の際における営業秘密記録媒体（複製を含む）の返還

　また、当事者が契約条項に違反した場合の条項として、契約違反によって生じた損害を賠償する義務を課すことなどが定められることもあります。

書式 5　競業禁止及び守秘義務に関する誓約書

競業禁止及び守秘義務に関する誓約書

私は、今般、貴社を退職するにあたり、以下のことを誓約致します。

記

1　退職後、在職中に知得した貴社の有形無形の技術上、営業上その他一切の有用な情報及び貴社の顧客に関する情報（以下「本件情報」といいます）を、公知になったものを除き、第三者に開示、漏えいしないと共に、自己のため又は貴社と競業する事業者その他第三者のために使用しないこと。

2　退職後、貴社の顧客に関する個人情報（顧客から預かった個人情報を含む）を、不正に使用し、又は第三者に漏えいしないこと。

3　貴社の承認を得た場合を除き、離職後1年間は日本国内において貴社と競業する業務を行わないこと。また、貴社在職中に知り得た顧客、取引関係のある企業及び個人と離職後1年間は取引をしないこと。

4　本件情報が具体化された文書、電磁的記録物その他の資料及び本件情報に関連して入手した書類、サンプル等すべての資料を退職時までに貴社に返還すること。

5　貴社在職中に、前項の資料を貴社の許可なく社外に搬出していないこと及び第三者に交付等していないこと。

6　貴社在職中に、業務に関連して第三者に対し守秘義務を負って第三者の情報を知得した場合、当該守秘義務を退職後も遵守すること。

7　退職後、直接であると間接であるとを問わず、貴社の従業員（派遣社員やパートも含む）を勧誘しないこと。

8　この誓約書に違反して貴社に損害を及ぼした場合には、貴社の被った損害一切を賠償すること。

以上

第4章　セキュリティ対策のための法律と書式　231

Point

1 従業者との間で必要な契約

　企業の秘密保持は、書式４で取り上げた業務委託などで他社に自社の業務を委託する場合の他に、勤務する従業者との関係でも問題となります。そこで、社内の従業者との間で、自社の秘密が漏えいしないように、秘密保持契約を締結しておく必要があります。秘密保持契約とは別に、退職後に同業の会社に勤めたり、同業の会社を設立することを禁止する契約を結ぶこともあります。

　従業者との間で秘密保持契約を結ぶタイミングは、①入社時、②在職中（特定のプロジェクトへの参画時等）、③退社時が考えられます。

2 秘密保持契約や就業規則に規定する内容

　入社時には、「私は業務上知り得た情報について、業務以外では使用せず、無断で持ち出しをしません」などの一文を記載した秘密保持契約書に、従業者の署名押印をした誓約書の提出を求めます。

　また、入社時の労働契約書の中に「会社の就業規則に従う」という条項を設けるのが一般的です。その上で、就業規則の中に秘密保持の条項を入れておけば、入社時に秘密保持契約を締結できなくても、従業者は秘密保持義務を負います。就業規則に「秘密保持義務違反をした労働者は、懲戒処分とすることができる」と定めておけば、減給・解雇などの懲戒処分によって、秘密保持を担保することが可能になります。

3 退職時の秘密保持契約の必要性

　秘密保持に関して、訴訟などに発展した際にも、誓約書や就業規則で明文化しておく方が、会社の秘密を管理する体制が整っていると判断されます。しかし、入社時の秘密保持契約や就業規則においては、その従業者がどのような業務について、どれほどの情報を持っているのかについて、あらかじめ想定することはできません。近年、企業の秘密保持に関して大きな問題となっているのが、退職者からの情報漏えいです。そこで、退職する際に改めて秘密保持契約を締結するという流れになります。退職の時点であれば、その従業者が持っている情報の内容や範囲も明確になっていますから、書式５で記載しているように、より具体的に内容を特定した秘密保持契約を締結することができます。

第5章

ネットトラブルに
遭ったときの対応策

損害賠償請求の仕方について知っておこう

債務不履行または不法行為として損害賠償の請求ができる

● 損害賠償請求ができる場合

　インターネットに接続してパソコンやスマートフォンを利用したネット取引では、対面取引のように人から直接説明を受けて取引をするわけでなく、画面の記載を基にマウスやタッチパネルを操作して取引するため、想定外の誤解やミスが生じ、相手と争いになることがあります。また、SNSやブログなどへの不当な書き込みや、他人のWebサイトの記載の盗用が原因でトラブルになることもあります。

　以上のような行為が原因で他人に損害を与えたとき、金銭の支払いによって償う方法として損害賠償があります。損害賠償とは、ある者が他人の権利を侵害した場合や約束を破ったことが原因で、他人に損害を与えた場合、金銭の支払いによって償う方法のことで、発生した損害を公平に分担するための制度です。損害賠償請求が認められる法的根拠には、大きく分けて債務不履行と不法行為があります。

● 債務不履行による損害賠償請求

　ネット取引のように相手と契約を結んだ場合で、契約内容が履行されなければ債務不履行になります。一般的に債務不履行が成立するには、①債務の本旨に従った履行がないこと（客観的要件）、②債務の不履行が債務者の責めに帰すべき事由（帰責事由）に基づくこと（主観的要件）、という２つの要件を充たすことが必要です。

　なお、平成29年改正民法は、債務者の帰責事由（②）が認められるかどうかは、「契約その他の債務の発生原因や取引上の社会通念」に照らして判断することを明記しています。したがって、債務発生原因

などに照らして、主として債務者に故意（わざと行うこと）または過失（不注意で行うこと）がある場合に、債務者の帰責事由が認められると考えてよいでしょう。

そして、上記①②の要件を充たして債務不履行が成立し、債権者に損害が生じた場合に債務者が負う賠償の範囲は、債務不履行によって通常生じる損害（通常損害）に限られるのが原則です。ただし、当事者が「特別な事情」を予見し、または予見可能であった場合には、債権者は、特別の事情から生じた損害（特別損害）についての賠償も請求することができます。

債務不履行には、履行遅滞、履行不能、不完全履行の３つのケースがあります。履行遅滞とは、契約内容の履行が可能であるにもかかわらず、履行期を過ぎても履行しないことをいいます。履行不能とは、契約内容の履行が、履行期に関係なく不可能になった状態です。不完全履行とは、契約内容の履行が一応なされたが、履行が不完全な場合をいいます。

たとえば、ネット通販で商品を購入した場合に、両者で合意した期

■ ネット取引と損害賠償請求 ···

```
┌─────────────────────┐   ⎧ ● 期日に商品が届かない
│  ネット通販上のトラブル  │ → ⎨ ● 不良品が送付された　など
└─────────────────────┘   ⎩ ⇒損害賠償請求が問題になる！
```

┌──── 債務不履行 ────┐　　┌──── 不法行為 ────┐

〈要件〉　　　　　　　　　　　　〈要件〉

①履行遅滞・履行不能・　　　①加害者の故意・過失
　不完全履行の存在　　　　　②違法な権利侵害
②債務者の帰責事由　　　　　③加害行為と損害との間の
　（故意・過失など）　　　　　　相当因果関係
　　　　　　　　　　　　　　④加害者の責任能力

第5章　ネットトラブルに遭ったときの対応策　235

日に商品が到着しなかった場合（履行遅滞）、不良品が送付されてき
た場合（不完全履行）などに、債務不履行に基づく損害賠償請求が問
題になります。また、送付された商品の種類・品質・数量が契約内容
に適合しない場合は、契約不適合責任に基づく損害賠償請求が認めら
れることがあります（27ページ）。

● 不法行為に基づく損害賠償請求

　不法行為とは、契約を結んでいる関係にあるかどうかを問わず、故
意または過失によって、他人の権利を違法に侵害し、損害を与える行
為のことをいいます。一般的に不法行為が成立するには、①加害者の
故意または過失による行為（加害行為）があること、②他人の権利や
利益を違法に侵害したこと、③加害行為と損害発生の間に相当因果関
係があること、④加害者に責任能力があること、という4つの要件を
充たすことが必要です。

● 損害賠償の種類

　債務不履行と不法行為のどちらの場合であっても、損害賠償請求を
するには、請求を行う側に「損害」が発生していることが必要です。
　損害は「財産的損害」と「精神的損害」の2つに分けることができ
ます。まず、財産的損害については、治療費・修繕費などのように支
出を余儀なくされた「積極損害」と、逸失利益などのように得られる
はずの利益を得られなくなった「消極損害」に分けられます。
　一方、精神的損害は悲しみや恐怖などが該当し、このように精神的
損害を償うための賠償金を「慰謝料」といいます。慰謝料は目に見え
ない精神的損害の賠償金であるため、目に見える財産的損害を償う損
害賠償とは違った性質を有します。会社などの法人は精神的苦痛を想
定し難いですが、法人も無形の損害を受けることはあるため、財産以
外の損害に対する賠償請求が認められる可能性はあります。

名誉毀損・プライバシー侵害と対策について知っておこう

損害賠償請求や名誉回復請求などを受ける場合がある

● 誹謗中傷を書き込むとどうなるのか

　インターネットの普及により、多くの人が自分の意見をSNS、ブログ、掲示板などに書き込むことが可能になりました。しかし、中には他人を不当に誹謗中傷するような書き込みも見られます。このような他人の名誉またはプライバシーを侵害する書き込みは、民法上の不法行為として扱われることがあります。

① 名誉毀損

　名誉とは、一人ひとりの人間に対する目に見えない社会的評価のことです。そして、この社会的評価を低下させる行為のことを「名誉毀損」といいます。名誉毀損は不法行為の一種として扱われます。

　名誉毀損の被害者は、精神的損害を受けたとして、加害者に慰謝料を請求することができます。加害者が支払うべき慰謝料の額は、加害者の行為が被害者の社会的評価の低下にどれだけ影響したのか、などによって客観的に判断されます。また、被害者は損害賠償に代えて、または損害賠償と共に、名誉を回復するのに適当な処分（新聞に謝罪広告を載せるなど）を請求することもできます。

　不法行為としての名誉毀損が成立するケースでは、刑法上の名誉毀損罪が成立する可能性もあり、被害者が警察に告訴することも考えられます。民法上の名誉毀損と異なり、刑法上の名誉毀損罪が成立するためには、名誉毀損行為が「公然」となされることが必要です。公然とは、不特定または多数の人が認識可能な状態を指します。

② プライバシー

　家庭や個人の内情などの私生活や私事について、他人による干渉か

第5章　ネットトラブルに遭ったときの対応策　237

ら保護することは、個人の尊厳を尊重する憲法の理念からも必要なことです。この他人からの干渉に煩わされず、自分の情報をみだりに公開されない権利のことを「プライバシーの権利」といいます。

現在では、国や地方公共団体をはじめ、私企業などが記録・保存している自己の個人情報（自己情報）について、これをコントロールする（どのような自己情報が集められているかを知り、不当に利用されないようにすること）という側面もプライバシー権に含まれます。

● プロバイダを介したトラブル対応策

インターネットの普及に伴い、誰でも簡単に情報の入手と発信を行えるようになった反面、情報の流通による権利侵害の問題も増加傾向にあります。情報の流通による権利侵害の代表例は、著作権侵害、商標権侵害、名誉毀損です。事業者がこのような権利侵害を受けた場合は、プロバイダ責任制限法に定められたプロバイダに対する情報の削除依頼（送信防止措置依頼書の提出）を検討しましょう。

なお、プロバイダ責任制限法にいう「プロバイダ」とは、ISP（インターネット接続を提供する事業者）に限らず、サーバやWebサービス（SNS、掲示板、ブログなど）の管理者・運営者も含みます。

● 発信者情報開示請求を検討する

インターネット上の情報の流通は匿名で行われ、発信者情報が不明なことが多くあります。削除依頼が認められても、別のプロバイダのWebサービスに権利侵害情報が掲載され続けるケースもあります。そこで、インターネット上の権利侵害情報に対しては、直接その発信者に民事上の差止請求（削除請求）や損害賠償請求を行う他、刑事上の責任を問うため警察に告訴・告発を行うことも考えられます。プロバイダ責任制限法は、必要な場合に、発信者情報を被害者に開示する手続きを定めています。これを発信者情報開示請求といいます。

● 発信者情報が開示される例

発信者がプロバイダの行う意見聴取に際し、自己の情報開示に同意するケースは考えにくく、通常はプロバイダ自身の判断が必要になります。以下、発信者情報が開示された例を紹介します。

① 著作権侵害の場合

著作権侵害では、請求者の指定する著作物について、発信者がその全部または一部を複製または公衆送信していることが確認されれば、発信者情報が開示される可能性があります。

たとえば、レコードを製作した上で、CDとして販売しているA社の楽曲が、複製ファイルとしてWinMX（ファイル共有ソフト）を介して不特定多数の者が受信できる状態に置かれていた事例で、発信者情報の開示が認められています（東京地裁平成17年6月24日）。

② 商標権侵害の場合

企業にとって登録商標（商標登録を行った商標）は、自社の商品やサービスに付加価値を与え、顧客に認識してもらうための重要な財産です。インターネット上に類似の商標を表示することが商標権侵害にあたると認められれば、発信者情報が開示される可能性があります。

③ 名誉毀損の場合

名誉毀損が明白か否かは客観的に判断しにくいため、名誉毀損はプロバイダが開示の判断を行いにくいケースです。したがって、名誉毀損を理由とする場合は、情報流通によって自己の社会的評価が低下した事実を明確に証明できる資料を添付することが必要です。

たとえば、匿名掲示板に「（題名：A社の末路）A社の社長をしながら、いまだB社の社長から抜けきれないのはバカ息子甲の未熟な手腕からか。B社が消滅するのは勝手だが、A社もジリ貧に向かっている」と書き込まれた事例で、発信者情報の開示が認められています（東京地裁平成15年12月24日）。

書式 1　送信防止措置依頼書（著作権侵害）

平成 ○○ 年 ○○ 月 ○○ 日

【株式会社○○○○】　御中

氏　名　樋口　美千代　㊞

著作物等の送信を防止する措置の申出について

　私は、貴社が管理する URL：【 http://○○○○.blog.book.jp/（文学背くらべにっき）】に掲載されている下記の情報の流通は、下記のとおり、申出者が有する【著作権法第 23 条に規定する公衆送信権】を侵害しているため、「プロバイダ責任法著作権関係ガイドライン」に基づき、下記のとおり、貴社に対して当該著作物等の送信を防止する措置を講じることを求めます。

記

1. 申出者の住所	【〒 ○○○－○○○○ 　東京都文京区○○１－１－１　　】	
2. 申出者の氏名	【　樋口　美千代 】	
3. 申出者の連絡先	電話番号	【 ０３－○○○○－○○○○】
	e-mail アドレス	【 ichi@ ○○○ .com】
4. 侵害情報の特定のための情報	URL	【 http://○○○○.blog.book.jp/ 】
	ファイル名	【 ○○○○.log 】
	その他の特徴	【　○○○○年○月○日～○月○日更新分　　】
5. 著作物等の説明	侵害情報により侵害された著作物は、私が創作した著作物「ウェブログ記事」を転載したものです。参考として当該著作物の写しを添付します。	
6. 侵害されたとする権利	著作権法 23 条の公衆送信権(送信可能化権を含む。)	
7. 著作権等が侵害されたとする理由	私は、著作物「今日の美千代にっき」に係る著作権法第 23 条に規定する公衆送信権（送信可能化権を含む。）を有しています。本ウェブログ記事は○○○○年まで私が創作していたものであり、本著作物を公衆送信（送信可能化を含む。）することを許諾する権限をいかなる者にも譲渡又は委託しておりません。	
8. 著作権等侵害の態様	1　ガイドラインの対象とする権利侵害の態様の場合 　　　侵害情報は、以下の ■ の態様に該当します。 □a)　情報の発信者が著作権等侵害であることを自認しているもの ■b)　著作物等の全部又は一部を丸写ししたファイル(a) 以外のものであって、著作物等と侵害情報とを比較することが容易にできるもの) □c)　b)を現在の標準的な圧縮方式 (可逆的なもの)により圧縮したもの 2　ガイドラインの対象とする権利侵害　の態様以外のものの場合 (権利侵害の態様を適　切・詳細に記載する　。)	
9. 権利侵害を確認可能な方法	○○の方法により権利侵害があったことを確認することが可能です。	

　上記内容のうち、5・6・7・8 の項目については証拠書類を添付いたします。
　また、上記内容が、事実に相違ないことを証します。

以　　上

240

書式 2

送信防止措置依頼書（商標権侵害）

平成 ○○ 年 ○○ 月 ○○ 日

【株式会社○○○○】　御中

株式会社××××

氏　名　代表取締役社長　××××㊞

商標権を侵害する商品情報の送信を防止する措置の申出について

　貴社が管理するURL：【 http://○○○○.co.jp/××××.html 】に掲載されている下記の情報の流通は、下記のとおり【株式会社××××】が有する商標権を侵害しているため、「プロバイダ責任制限法商標権関係ガイドライン」に基づき、下記のとおり、貴社に対して 当該情報の送信を防止する措置を講ずることを求めます。

記

1. 申出者の住所	【〒 ○○○-○○○○ 　神奈川県○○市○○町○丁目○番○号 】	
2. 申出者の氏名	【 代表取締役社長　×××× 】	
3. 申出者の連絡先	電話番号	【 046-○○○○-○○○○ 】
	e-mail アドレス	【 xxxx@ xxx.com 】
4. 侵害情報の特定のための情報	URL	【 http://○○○○.co.jp/××××.html 】
	商品の種類又は名称	シュガーチュッパ
	その他の特徴	【 ジャンル>スイーツ・お菓子>あめ・キャンディ 】
5. 侵害されたとする権利	商標権 【 シュガーチュッパ、登録番号：第0000000号、指定商品区分：第30類 　風船ガム、チューインガム、キャンディ、飴、グミキャンディ、棒付きキャンディ 】	
6. 著作権等が侵害されたとする理由	シュガーチュッパは、当社の登録商標です。当社は、□□モールに対して登録商標シュガーチュッパを使用することにつき、いかなる 許諾も与えておりません。また、侵害情報に係る商品の広告は、当社が製造している商品と類似する商品のものですが、侵害情報に係る商品は当社では製造しておりません。 [権利侵害の態様がガイドラインの対象とするものであることの申述] 4で特定した侵害情報は、以下のいずれにも該当します。 (a) 以下の理由により商品は真正品ではありません。 (i) 情報の発信者が真正品でないことを自認している商品である。 【その根拠：当社より数度に渡り注意喚起を行っている。】 (ii) 私（当社）が製造していない類の商品である。 (b) 以下の理由により、本件は業としての行為に該当します。 【広告の文句から営利の意思を持って反復継続して販売を行っていることが明らかである】 (c) 侵害情報に係る商品が登録商標の指定商品と同一の商品です。 (d) 侵害情報に登録商標と同一の商標が付されています。	
7. ガイドラインの対象とする権利侵害の態様以外のものの場合		
8. その他参考となる事項	○○の方法により権利侵害があったことを確認することが可能です。	

　上記内容のうち、5・6の項目については証拠書類を添付いたします。
　また、上記内容が、事実に相違ないことを証します。

以　上

第5章　ネットトラブルに遭ったときの対応策　　241

書式
3

送信防止措置依頼書
（プライバシー侵害・名誉毀損）

平成○○年○○月○○日

【株式会社○○○○】御中

［権利を侵害されたと主張する者］
住　所　福島県○○郡××町1－1
氏　名　野口　英郎　㊞
連絡先　0242－○○－○○○○

侵害情報の通知書　兼　送信防止措置依頼書

　あなたが管理する特定電気通信設備に掲載されている下記の情報の流通により私の権利が侵害されたので、あなたに対し当該情報の送信を防止する措置を講じるよう依頼します。

記

掲載されている場所		http://www.○○○○.co.jp/book/987654321
掲載されている情報		私の実名、自宅の住所、電話番号を掲載した上で、「野口英郎の論文は捏造！研究にも不正行為あり、完全終了！！みんなで突撃しようぜ！！」という、嫌がらせの書き込みがされた。
侵害情報等	侵害されたとする権利	プライバシーの侵害、名誉毀損
	権利が侵害されたとする理由（被害の状況など）	個人情報は、私の意に反して公表され、指摘の内容も事実無根である。書き込み以来、いやがらせ、からかいの迷惑電話を約○○件も受け、自宅への来訪も懸念している。これらにより大変な精神的苦痛を被った。貴サイトの利用規約及びプロバイダ責任制限法に基づき、適切な対応を願いたい。

上記太枠内に記載された内容は、事実に相違なく、あなたから発信者にそのまま通知されることになることに同意いたします。

	発信者へ氏名を開示して差し支えない場合は、左欄に○を記入してください。○印のない場合、氏名開示には同意していないものとします。

以上

書式 4 送信防止措置依頼書（企業に対する名誉毀損）

平成○○年○○月○○日

【株式会社○○○○】御中

[権利を侵害されたと主張する者]
　　　　　　　住　所　神奈川県○○市○○町○丁目○番○号
　　　　　　　　　　　株式会社　××××
　　　　　　　氏　名　代表取締役社長　××××　㊞
　　　　　　　連絡先　046－○○○－○○○○

侵害情報の通知書　兼　送信防止措置依頼書

　あなたが管理する特定電気通信設備に掲載されている下記の情報の流通により私の権利が侵害されたので、あなたに対し当該情報の送信を防止する措置を講じるよう依頼します。

記

掲載されている場所		http://○○○○.co.jp/××××.html
掲載されている情報		（題名：㈱××××の末路） ㈱△△△△の社長をしながら、いまだ㈱ ×××× の社長から抜けきれないのはバカ息子□□の未熟な手腕からか。㈱ ×××× が消滅するのは勝手だが、㈱△△△△もジリ貧に向かっている。
侵害情報等	侵害されたとする権利	名誉毀損
	権利が侵害されたとする理由 （被害の状況など）	掲載の情報は、当社の社長及び副社長について、経営者ないし役員としてふさわしくない人物であるとの印象を閲覧者に与えます。これは当社及び社長、副社長の社会的評価を低下する民法 723 条の名誉毀損にあたります。貴サイトの利用規約及びプロバイダ責任制限法に基づき、適切な対応を願いたい。

上記太枠内に記載された内容は、事実に相違なく、あなたから発信者にそのまま通知されることになることに同意いたします。

	発信者へ氏名を開示して差し支えない場合は、左欄に○を記入してください。 ○印のない場合、氏名開示には同意していないものとします。

以上

Point

1 送信防止措置依頼の手続き

　プロバイダ責任制限法に基づく送信防止措置依頼は、権利侵害に該当する情報流通元のプロバイダに対して行うため、まずはプロバイダの会社情報や利用規約などを確認します。多くのプロバイダは、会社情報や利用規約の欄に、削除依頼に関する依頼方法や連絡先（依頼窓口）の情報を記載しています。原則として書面による依頼が必要で、電子メールやFAXによる依頼は行えません。

　送信防止措置依頼書をプロバイダに送付する際は、所定の欄に法務局に登録している代表者印（個人の場合は実印）を押して、法人登記事項証明書と印鑑証明書（個人の場合は、本人確認資料と印鑑登録証明書）、情報流通によって自己の権利が侵害されていることを証する資料などを添付することが必要です。

　プロバイダごとに定められた手続きに従っていれば、プロバイダ各自の審査に基づいて、送信防止措置を講ずるか否かの判断がなされますが、どのような内容が削除の対象になるかは、どのプロバイダも明確には明かしていません。「発信者情報開示請求」で取り上げた事例（239ページ）が参考になると思います。

2 書式の書き方

　送信防止措置依頼書は、権利侵害の態様によって書式が異なります。著作権侵害や商標権侵害の場合は、自己が権利者である事実と、どのような権利が侵害されたのか、どのような書類で証明可能か、などを記載します。名誉毀損やプライバシー侵害の場合は、掲載された情報と、その情報によってどのような権利が侵害されたのか、どのような被害が生じているのか、などを記載します。

　もっとも、権利侵害情報の掲載場所・内容、権利侵害の態様・理由といった大まかな記載内容は共通しています。

	書式
5	**発信者情報開示請求書 （企業の著作権が侵害された場合）**

平成○○年○○月○○日

【株式会社○○○○】御中

[権利を侵害されたと主張する者]（注1）
住所　神奈川県○○市○○町○丁目○番○号
　　　株式会社　××××
氏名　代表取締役社長　××××　㊞
連絡先　046－○○○－○○○○

発信者情報開示請求書

　[貴社・~~貴殿~~]が管理する特定電気通信設備に掲載された下記の情報の流通により、私の権利が侵害されたので、特定電気通信役務提供者の損害賠償責任の制限及び発信者情報の開示に関する法律（プロバイダ責任制限法。以下「法」といいます。）第4条第1項に基づき、[貴社・~~貴殿~~]が保有する、下記記載の、侵害情報の発信者の特定に資する情報（以下、「発信者情報」といいます）を開示下さるよう、請求します。

　なお、万一、本請求書の記載事項（添付・追加資料を含む。）に虚偽の事実が含まれており、その結果貴社が発信者情報を開示された契約者等から苦情又は損害賠償請求等を受けた場合には、私が責任をもって対処いたします。

記

[貴社・~~貴殿~~]が管理する特定電気通信設備等		（注2） http://○○○○.co.jp/××××.html
掲載された情報		当社の著作物である素材集「ビジネスクレイアート集Vol.2」ファイル番号「0012,0035,0076,0081」合計4点（添付別紙参照）
侵害情報等	侵害された権利	**著作権（複製権、送信可能化権）**
	権利が明らかに侵害されたとする理由（注3）	http://○○○○.co.jp/××××.htmlに掲載されている画像は、当社の著作物である素材集「ビジネスクレイアート集Vol.2」の4点から無断使用しており、これは当社サイトのサムネイル画像（見本）からダウンロードして利用していることが画像の解像度と「コピー不可」の文字を消した跡から明らかです。 よって、貴社が管理するWebサイトにおいて、当社の著作物が送信可能な状態にあることは、発信者が当社の製品を正当に購入しかつ、ライセンス許諾を一切受けずになされているものであり、著しい著作権侵害であります。
	発信者情報の開示を受けるべき正当理由 （複数選択　可） （注4）	①　損害賠償請求権の行使のために必要であるため ②　謝罪広告等の名誉回復措置の要請のために必要であるため ③　差止請求権の行使のために必要であるため ④　発信者に対する削除要求のために必要であるため 5．その他（具体的にご記入ください）

		① 発信者の氏名又は名称
開示を請求する発信者情報（複数選択可）		② 発信者の住所 ③ 発信者の電子メールアドレス ④ 発信者が侵害情報を流通させた際の、当該発信者のIPアドレス（注5） 5. 侵害情報に係る携帯電話端末等からのインターネット接続サービス利用者識別符号（注5） 6. 侵害情報に係るSIMカード識別番号のうち、携帯電話端末等からのインターネット接続サービスにより送信されたもの（注5） ⑦ 4ないし6から侵害情報が送信された年月日及び時刻
証拠（注6）		**添付別紙参照**
発信者に示したくない私の情報（複数選択可）（注7）		1. 氏名（個人の場合に限る） 2. 「権利が明らかに侵害されたとする理由」欄記載事項 3. 添付した証拠

（注1）原則として、個人の場合は運転免許証、パスポート等本人を確認できる公的書類の写しを、法人の場合は資格証明書を添付してください。

（注2）URLを明示してください。ただし、経由プロバイダ等に対する請求においては、アドレス等、発信者の特定に資する情報を明示してください。

（注3）著作権、商標権等の知的財産権が侵害されたと主張される方は、当該権利の正当な権利者であることを証明する資料を添付してください。

（注4）法第4条第3項により、発信者情報の開示を受けた者が、当該発信者情報をみだりに用いて、不当に当該発信者の名誉又は生活の平穏を害する行為は禁じられています。

（注5）IPアドレス、携帯電話端末等からのインターネット接続サービス利用者識別符号及びSIMカード識別番号のうち、携帯電話端末等からのインターネット接続サービスにより送信されたものについては、特定できない場合がありますので、あらかじめご承知おきください。

（注6）証拠については、プロバイダ等において使用するもの及び発信者への意見照会用の2部を添付してください。証拠の中で発信者に示したくない証拠がある場合（注7参照）には、発信者に対して示してもよい証拠一式を意見照会用として添付してください。

（注7）請求者の氏名（法人の場合はその名称）、「管理する特定電気通信設備」、「掲載された情報」、「侵害された権利」、「権利が明らかに侵害されたとする理由」、「開示を受けるべき正当理由」、「開示を請求する発信者情報」の各欄記載事項及び添付した証拠については、発信者に示した上で意見照会を行うことを原則としますが、請求者が個人の場合の氏名、「権利侵害が明らかに侵害されたとする理由」及び証拠について、発信者に示してほしくないものがある場合にはこれを示さずに意見照会を行いますので、その旨明示してください。なお、連絡先については原則として発信者に示すことはありません。

ただし、請求者の氏名に関しては、発信者に示さなくとも発信者により推知されることがあります。

以上

［特定電気通信役務提供者の使用欄］

開示請求受付日	発信者への意見照会日	発信者の意見	回答日
（日付）	（日付） 照会できなかった場合はその理由：	有（日付） 無	開示（日付） 非開示（日付）

1　開示請求の方法

　プロバイダ責任制限法に基づく発信者情報開示請求は、権利侵害が確認できるアドレス（URL）、権利侵害の事実とその内容、開示を受けるべき理由、求める情報の範囲などを記載して書面により行います（原則として電子メールやFAXでは行えません）。

　また、発信者情報開示請求書を送付する際は、所定の欄に法務局に登録している代表者印（個人の場合は実印）を押して、法人登記事項証明書と印鑑証明書（個人の場合は、依頼者の本人確認資料と印鑑登録証明書）、請求相手（プロバイダ）の情報流通によって自己の権利が侵害されていることを証する資料を添付することが必要です。

　発信者情報開示請求を受けたプロバイダは、不明点や形式上の不備があれば、請求者に補正を促さなければなりません。これは可能な限り遅滞なく行われる必要があります。その後、プロバイダが発信者情報の開示を行うか否かを判断することになりますが、プライバシー保護の観点から、プロバイダは開示の可否を判断する前に、発信者に対して情報開示に関する意見を聴かなければなりません。ただし、プロバイダが保有している情報だけでは意見聴取が困難である場合は、意見聴取が省略されます。同様に、情報流通による請求者（被害者）の権利侵害が明らかな場合も省略されます。

2　書式の書き方

　請求者の住所・名称（氏名）などの記載欄がありますが、押印は代表者印（実印）で行います。「貴社が管理する特定電気通信設備等」欄には、情報発信が行われているURLを記載します。「掲載された情報」には、プロバイダが指摘箇所を把握しやすいように記載し、「侵害情報等」には、権利侵害の明白性を記載します。「発信者に示したくない私の情報」には、プロバイダが意見聴取を行う際に発信者に明かされたくない情報を指定します。

内容証明郵便の書き方、出し方を知っておこう

トラブル解決のきっかけや裁判における証拠づくりに活用できる

● 内容証明郵便とは

　内容証明郵便は、誰が、どんな内容の郵便を、誰に送ったのか、を郵便局（日本郵便株式会社）に証明してもらえる特殊な郵便です。内容証明郵便を配達証明付ということにしておけば、郵便物を発信した事実から、その内容、さらには相手に配達されたことまで証明をしてもらえます。後々訴訟になった場合の強力な証拠にもなります。内容証明郵便を送付しただけで、トラブルがすぐに解決できるというわけではありませんが、特殊な郵便物ですから、それを受け取った側は、たいてい何らかの反応をしてきます。そのため、内容証明郵便の送付がトラブル解決のきっかけとなるケースはあるといえるでしょう。

　内容証明郵便は受取人にある程度のインパクトを与える郵便です。後々訴訟などになった場合、証明力の高い文書として利用することにもなります。その一方で、一度送ってしまうと、後で訂正はできません。このことから、内容証明郵便で出す文書は、事実関係を十分に調査・確認した上で正確に記入することが必要です。

　また、本論に関係のない余計なことが書いてあったり、あいまい・不正確な表現がなされていたりすると、相手方に揚げ足を取られることにもなります。表現はできるだけ簡潔に、しかも明確に書くことが大事です。前置きも省略して本論から書き始めるようにしましょう。

● 文字数や使用できる文字

　内容証明郵便で1枚の用紙に書ける文字数には図（次ページ）のように制約があります。つまり、用紙1枚に520字までを最大限とする

わけです。もちろん、長文になれば、用紙は2枚、3枚となってもかまいません。ただし、枚数に制限はありませんが、1枚ごとに料金が加算されます。

　使用できる文字は、ひらがな・カタカナ・漢字・数字です。英語は固有名詞に限り使用可能ですが、数字は算用数字でも漢数字でも使用できます。また、句読点や括弧なども1字と数えます。一般に記号として使用されている＋、－、％、＝なども使用できます。①、(2)などの丸囲み、括弧つきの数字は、文中の順序を示す記号として使われている場合は1字、そうでない場合は2字として数えます。用紙が2枚以上になる場合には、ホチキスや糊でとじて、ページのつなぎ目に左右の用紙へまたがるように、差出人のハンコを押します（割印）。なお、このハンコは認印でもかまいません。

● 郵便局への提出

　こうしてできた同文の書面3通（受取人が複数ある場合には、その数に2通を加えた数）と、差出人・受取人の住所・名称（氏名）を書

■ 内容証明郵便の書き方 ･･････････････････････････････････

用　紙	市販されているものもあるが、特に指定はない。 B4判、A4判、B5判が使用されている。
文　字	日本語のみ。かな（ひらがな、カタカナ）、漢字、数字（算用数字・漢数字）が使用できる。 外国語不可（英字は固有名詞に限り使用可）。
文字数と行数	縦書きの場合　　：20字以内×26行以内 横書きの場合①：20字以内×26行以内 横書きの場合②：26字以内×20行以内 横書きの場合③：13字以内×40行以内
料　金	文書1枚（430円）＋郵送料（82円）＋書留料（430円） ＋配達証明料（差出時310円）＝1252円 文書が1枚増えるごとに260円加算

※平成26年4月1日消費税8％改訂時の料金

第5章　ネットトラブルに遭ったときの対応策　**249**

いた封筒を受取人の数だけ持って、郵便局の窓口へ持参します。郵便局は、近隣のうち集配を行う郵便局と地方郵便局長の指定した無集配郵便局を選んで下さい。郵便局に提出するのは、内容証明の文書、それに記載された差出人・受取人と同一の住所・名称（氏名）が書かれた封筒です。窓口で、それぞれの書面に「確かに何日に受け付けました」という内容の証明文と日付の明記されたスタンプが押されます。その後、文書を封筒に入れて再び窓口に差し出します。そして、引き替えに受領証と控え用の文書が交付されます。これは後々の証明になりますから、大切に保管しておいて下さい。

● 料金と配達証明

料金は内容証明料金が1枚につき430円（1枚増えるごとに260円加算）、書留料金430円、通常の郵便料金82円（25gまで）、配達証明料金は310円（差出時）です。たとえば、文書が1枚だったとすると、「文書1枚（430円）＋郵送料（82円）＋書留料（430円）＋配達証明料（差出時310円）」より、金額は1252円となります。

なお、配達証明の依頼は、普通、内容証明郵便を出すときに一緒に申し出ますが、投函後でも1年以内であれば、配達証明を出してもらえます。この場合の配達証明料は430円になります。

● 同文内容証明郵便

複数の債務者や加害者に対して損害賠償請求をするようなケースでは、それぞれの債務者などに対して同一の文書を送付することもあります。同じ内容の文面を複数の相手に送りたいような場合には、「同文内容証明郵便」という制度を使うことで、枚数を少なくし、費用を抑えることができます。具体的には、同文内容証明郵便の場合、1人目については上記料金が必要ですが、2人目分以降は内容証明料金が上記料金の半額となります（1枚目が215円、2枚目以降が130円）。

250

書式 6 契約解消通知書

通知書

　私は、平成○○年５月１４日午後８時４０分に、インターネット・プロバイダーである「インフォイテージ」がホームページにて開催している「ゲット・フューチャー」なるオークション・サイトにて、貴殿が出品されていた山野社製電子オルガン（型式ＡＰＯ─６０５１）を、６万２５４１円にて落札した者です。しかるに、私が貴殿指定の銀行口座に前記売買代金を振り込んだにもかかわらず、貴殿からのご連絡は、今日に至るもございません。貴殿との売買契約は、履行遅滞を理由として解除しますので、貴殿に支払済み代金の返還を請求致します。万一、本書面到達後、１０日過ぎても、返還なき場合は、貴殿を詐欺罪で告訴することを申し添えます。

　平成○○年６月30日

　　　　　　　　　　　　　東京都○○区○○町１番２号

　　　　　　　　　　　　　　　出光幸三　　㊞

○○県○○市○○町２３番５号

崎田隆一　殿

Point

　商品の売主がいつまでもトラブルの解決を先延ばしにできないように、①売買契約の具体的な内容、②商品を引き渡さないという売主の債務不履行（履行遅滞）が原因で、買主が契約の解除をする旨を明記して、売主に通知します。さらに、警察に対する告訴の意思を示しておくことも有効でしょう。なお、債務不履行を原因とする契約の解除は、一方的な意思表示によって行うことができます。

第5章　ネットトラブルに遭ったときの対応策　251

書式 7　ネットに無断でイラストを盗用された場合の損害賠償請求書

請求書

　私はイラストレーターとして活動している者ですが、貴殿が開設しているホームページに掲載されているイラストやキャラクターの絵は私の作品と明らかに酷似しております。ホームページという不特定多数の者が見ることができる場所に、私に無断で私の作品の掲載を行うことは、私の著作権を侵害する行為に該当します。

　つきましては、一刻も早く掲載を中止して頂きますよう請求すると共に、貴殿の無断掲載行為により被った損害として○○万円を請求致しますのでご承知おき下さい。

　平成○○年○月○日

　　　　　　　　　　　　　　　　　東京都○○区○○１丁目２番３号
　　　　　　　　　　　　　　　　　　　　○○○○　㊞

東京都○○区○○３丁目４番５号
○○○○殿

Point

　ホームページ（Webサイト）という誰もが閲覧することができる場所に、イラストやキャラクターをその制作者（著作者）の許諾を得ずに掲載する行為は、著作権の侵害に該当します。

　また、企業は登録商標（記号・図形・マークなど）をビジネスにしていることが多いため、そうした登録商標の取扱いにも注意するべきです。著作権や商標権を侵害された者は、掲載の中止（差止め）と損害賠償を求めて内容証明郵便を送付し、その後の法的手段（訴訟の提起など）を検討することになります。

| 書式 8 | ネットに掲載された画像により名誉を毀損された場合の差止請求書 |

請求書

　先日、知人から、あるホームページに私の顔写真と淫らな格好の画像を組み合わせた画像が公開されているとの知らせを受けました。貴殿の開設しているホームページを確認したところ、確かに私の顔写真を加工したものであり、その事態に驚愕しております。

　貴殿がどこで私の顔写真を入手したのか検討がつきませんが、一刻も早く画像の掲載を中止して頂くよう請求致します。また、このような画像を掲載されたことにより被った精神的損害につきまして、金額を算定の上、１４日以内に請求させて頂くこともあわせてお伝えします。なお、現在、この件につきましては警察に相談中であり、刑事告訴も検討しておりますので、ご承知おき下さい。

　平成○○年○月○日

東京都○○区○○１丁目２番３号

○○○○　㊞

東京都○○区○○３丁目４番５号
　　○○○○殿

Point

　ホームページ（Webサイト）における他人の画像の無断使用は、裁判例において実質上認められている肖像権を侵害するものであり、名誉やプライバシーを侵害する行為に該当します。掲載者を特定できた場合には、被害を最小限に食い止めるために、刑事告訴などの法的手段をとる旨の通知をして、掲載を中止するよう警告します。

第5章　ネットトラブルに遭ったときの対応策　253

| 書式 9 | プロバイダに管理責任を問う場合の請求書 |

請求書

　先日インターネットの掲示板で私に対する不当な誹謗中傷がなされているのを発見しました。掲載されている情報は公益目的や公共の利害に関する情報ではなく、専ら私のプライバシーに関する情報であるため、急ぎ削除して頂くようプロバイダ事業者である貴社に対して削除請求を致しました。

　ところが、請求後1か月を経過しても依然として書き込みは残っており、貴社に電話連絡をしてもたらい回しされ、誠実に対応して頂けず、被害はさらに拡大しております。

　被害が拡大した原因は貴社に速やかに対応して頂けなかった点にあると考えます。つきましては、プロバイダ責任制限法第3条に基づく損害賠償として○○万円を請求させて頂きますのでご承知おき下さい。

　平成○○年○月○日

　　　　　　　　　　　　　　東京都○○区○○1丁目2番3号

　　　　　　　　　　　　　　　　○○○○　㊞

　東京都○○区○○3丁目4番5号

　　　○○株式会社

　　　代表取締役　　○○○○殿

Point

　　プロバイダは、情報の流通により誰かの権利が明らかに侵害されていることを知っており、技術的に損害を防止することができる場合、必要な措置をとらなければなりません。これに違反した場合、プロバイダ責任制限法第3条による損害賠償責任を負います。被害者は、プロバイダの対応の問題点を具体的に記載するとよいでしょう。

書式 10 ウイルスメールの送信相手に対する損害賠償請求書

請求書

　平成○○年○月○日、私のメールボックスに送信元不明のメールが届いており、添付ファイルをクリックしたところ、たちまちドクロマークが画面に広がり、パソコン内のデータがすべて破壊されてしまいました。

　その後専門の業者に依頼したところ、コンピューター・ウィルスによる被害であること、及び送信元が貴殿であることが明らかになりました。

　つきましては、貴殿に対しパソコンの修復に要した費用として○○万円を請求致しますので、ご承知おき下さい。

　平成○○年○月○日

東京都○○区○○１丁目２番３号

○○○○　　㊞

東京都○○区○○３丁目４番５号

　○○○○　殿

Point

　ウイルス（コンピューター・ウィルス）の被害者は、その送信者に対して、不法行為に基づき損害賠償を請求することができます。ウイルスは、電子メールの添付ファイルを介して送られたり、不正なWebサイトを閲覧することなどで感染します。そこで、ウイルス感染を防ぐためのウイルス対策ソフトや駆除ツールが準備されています。

　損害賠償請求においては、受信者が安易に送信者不明のメールの添付ファイルを開くなどの過失が認められる場合があります。また、表示されている送信元メールアドレスが「なりすまし」（送信元が偽装されている）の場合があるので、まず専門家などに相談し、本来の送信者を突き止めることが必要になります。

第5章　ネットトラブルに遭ったときの対応策　　255

【監修者紹介】
梅原　ゆかり（うめはら　ゆかり）
弁護士（第二東京弁護士会所属）。1996年早稲田大学法学部卒業。1999年早稲田大学大学院卒業。2000年10月弁護士登録。現在、うめはら法律事務所、所長。
おもな著・監修に、『クレーム・リコール対応の基本と対策マニュアル』『著作権のしくみとトラブル解決実践マニュアル』『不動産取引のための実務契約書サンプル集74』『リスクマネジメントの法律知識と対策』『入門図解 最新　IT企業の法務対策』『強制執行のしくみと手続き　ケース別実践書式33』『最新　契約のしくみとルール』『不動産賃貸・管理の法律とトラブル実践的解決法150』（小社刊）などがある。

事業者必携
IT法務の法律と実践ビジネス書式

2018年08月30日　第1刷発行

監修者	梅原ゆかり
発行者	前田俊秀
発行所	株式会社三修社
	〒150-0001　東京都渋谷区神宮前2-2-22
	TEL　03-3405-4511　FAX　03-3405-4522
	振替　00190-9-72758
	http://www.sanshusha.co.jp
	編集担当　北村英治
印刷所	萩原印刷株式会社
製本所	牧製本印刷株式会社

©2018 Y. Umehara Printed in Japan
ISBN978-4-384-04792-9 C2032

JCOPY 〈出版者著作権管理機構 委託出版物〉
本書の無断複製は著作権法上での例外を除き禁じられています。複製される場合は、そのつど事前に、出版者著作権管理機構（電話 03-3513-6969　FAX 03-3513-6979 e-mail: info@jcopy.or.jp）の許諾を得てください。